KB238431

여행필수 스웨덴어 회화

한국외국어대학교
스칸디나비아어과 교수 변광수 엮음

Svenska för turister
Kwang-soo Pyun

1945
ΜΥΜ
문예림

변광수(卞光洙)

약력   충남 공주태생
서울대학교 문리과대학 언어학과 졸업
스웨덴 Uppsala대학교 북구어학, 일반언어학 석사
스웨덴 Borås(보로스) 도서관대학 졸업
스웨덴 Stockholm대학교 언어학 박사
한국외국어대학교 스칸디나비아어과 명예교수

저서   복지의 나라 스웨덴(공저) (1981)1993.
스웨덴어 문법 1983. 북유럽사 1988.
세계주요언어(편) (1993) 2003.
외래어 표기용례집(북구권 인명, 지명) 1995.
스웨덴·한국어 사전(공편) (1996) 2009.
한국어-스웨덴어 사전(공편) 2004.
종합 스웨덴어(2005)2007.
복지국가 스웨덴 사람들(수상록) (2005)2009.

여·행·필·수
스웨덴어 회화

초판 2 쇄 인쇄 · 2010년 5월 15일
초판 2 쇄 발행 · 2010년 5월 20일
저 자 · 변 광 수
발행인 · 서 덕 일
발행처 · 도서출판 문예림
출판등록 · 1962년 7월 12일 제2-110호
주 소 · 서울 광진구 군자동 1-13 문예하우스 101호
전 화 · 02)499-1281,2   팩 스 · 02)499-1283
http://www.bookmoon.co.kr
Email:book1281@hanmail.net

ISBN 978-7482-541-6 (32790)

여행필수
스웨덴어 회화

변광수 엮음

머리말

스웨덴과 우리나라의 관계는 일찌기 1926년에 스웨덴의 구스타브 아돌프 황태자가 경주의 신라 고분 서봉총 발굴을 참관하면서부터 시작되었다. 그 후 한국전쟁 당시에는 부산에 야전 병원단을 파견하여 부상자 치료를 위해 노력하였고 1958년부터는 덴마크, 노르웨이와 함께 스칸디나비아 3국이 공동으로 메디칼센터(현 국립의료원)를 세워 의사, 간호사, 의약품까지 지원하면서 1968년까지 한국 의료 발전에 크게 공헌한 바 있다. 스웨덴은 또한 1953년 휴전협정 조인이래 줄곧 중립국 감시위원단의 일원으로서 한반도의 안전을 위해 힘써 오고 있다.

1963년에는 스톡홀름에 한국대사관이, 1980년에는 서울에 스웨덴 대사관이 각각 설치되면서 외교, 교역, 과학기술 교류가 본격화되기 시작하였고 최근에는 한국인 관광객, 유학생들도 상당히 증가하고 있다.(매년 20,000-25,000명). 또한 삼성, LG, 기아, 대우 등 한국의 대기업 들이 스웨덴에 진출해 있는가 하면 Volvo, Saab, Scania, Electrolux를 비롯한 우리나라에 나와 있는 스웨덴의 기업체들도 85개에 달한다.

노벨상과 복지국가로 널리 알려진 스웨덴을 여행하는 분들에게 의사소통에 도움이 될만한 간단한 일상대화들을 모아 한권의 책으로 엮어보았다. 한편 동일 언어권에 속하는 덴마크와 노르웨이 사람들도 스웨덴어를 잘 이해하므로 그쪽 방면으로 여행할 때에도 다소간 도움이 될 것이다. 낯선 땅에서 새로운 풍물과 문화를 체험하는 데 요긴한 길잡이가 되기를 바라며 이 작은 책자를 펴낸다. 원고를 정리해 준 아내 오숙자, 이를 콤퓨터에 옮겨 준 아들 상우에게 고마움을 표한다. 끝으로 스웨덴어의 중요성을 인정하여 이 책을 출판해 주신 도서출판 문예림의 서덕일 사장께 감사한다.

　2001년 초판 발행 이후 잘못된 곳을 바로 잡아 재판을 펴낸다

2010년 4월 2일
엮은이 변 광 수 (卞光洙)

차 례

현지사정 안내

알파벳과 발음

A. 회화

현지 사정 안내

1) 스웨덴 입국 비자

우리나라와는 비자 면제 협정에 의하여 3개월 이내의 단기 체류자에게는 비자가 필요없고 그 이상의 장기 체류자는 입국전에 스웨덴 대사관에 신청하여 체류허가를 받아야 한다.

2) 시차

한국이 8시간 앞서 간다. 즉 스웨덴의 1월 1일 밤 12시는 한국시간으로는 1월 2일 아침 8시이다.

3) 관공서 근무시간

직장에 따라 집무시간이 다른 경우도 있으니 방문전에 미리 근무시간을 확인하는 것이 안전하다. 은행과 우체국도 마찬가지이지만 오전 시간에는 대개 다 사무를 본다.

4) 택시 타기

지나가는 택시를 손 들어 세우지 않고 택시 통제소(Taxicentralen)에 전화를 걸어 자기가 서 있는 위치를 알리고 그곳으로 보내 달라고 하면 10분 이내로 택시가 온다. 노상에서는 택시정류소(TAXI)를 찾아가서 기둥에 걸린 전화를 이용해 부른다. 다만 택시비가 엄청

나게 비싸니 미리 각오를 하고 타야 한다.

5) 팁(Dricks)

호텔에서는 방값에, 식당에서는 계산서에 팁이 포함되기 때문에 따로 지불하지 않아도 된다. 택시 기사에게는 운임의 10%를 팁으로 주는 것이 관례이다.

6) 은행 개점시간

월-금(9:30-15:00, 요일에 따라서 16:30, 17:30 또는 18:00 까지 여는 날도 있다). Arlanda 공항내의 은행은 매일 7:00-22:00까지 연다.

7) 공항–시내 교통편

알란다 국제공항(Arlanda flygplats)과 스톡홀름 중앙역(Centralstation) 사이에는 30분마다 직행 버스가 왕복한다. 거리는 45km, 소요시간 약 30분.

8) 관광안내 센터 (Stockholm Information Service/ Tourist Center)

스톡홀름 중앙역과 스웨덴관(Sverigehuset)은 일년 내내 문을 연다. 중앙역의 안내소에서는 주로 호텔 관련 정보를, 스웨덴관에서는 관광명소에 관한 정보를 제공한다. 이 건물 1층에는 기념품 가게도 있고, 2층에서는 각 국어로 적혀 있는 스웨덴 관련 서적들을 판다.

스웨덴관 방문주소 : Sverigehuset (스배리예휘셋),

Hamngatan 27 Stockholm.

지하철 역 : Kungsträdgården (쿵스트래 고르덴)

Tel. +46(0)8-5082-8508

Fax +46(0)8-5082-8509

개관시간 : 1월2일-4월30일/9월16일-12월 31일

(월-금 9-18시, 토 10 -17시, 일 10 -16시)

5월 1일 - 9월 15일

(월-금 9-19시, 토 10-17시, 일 10-16시)

(1월 1일,12월 24일-25일 휴관)

9) 기후, 복장

이 곳은 여름철이라도 밤낮의 기온차이가 심하여 해가 지면 긴팔의 스웨터를 걸쳐야 하며 낮에도 긴 남방 샤쓰를 입어야 한다. 겨울은 11월-3월까지 5개월 정도로 길며 눈과 습기가 많아 춥기 때문에 털자켓, 방한모, 방한복, 털구두(부츠)등이 있어야 불편없이 지낼 수 있다.

10) 스웨덴인의 기질

사람들의 성격은 매우 온순하고 조용한 편이다. 외견상으로는 매우 무뚝뚝하고 냉정하게 보이지만 속마음은 부드럽고 따뜻하다. 남의 일에 참견하거나 간섭받는 일을 아주 싫어하므로 외국인들에게도 먼저 친절을 베풀지 않는다. 따라서 도움이 필요하면 눈치 만 살피지 말고 이쪽에서 먼저 말을 걸어야 한다.

스웨덴어 알파벳과 발음

　　스웨덴어(svenska)는 게르만어족의 한 갈래로 영어, 독일어와는 사촌간, 덴마크어와 노르웨이어와는 형제간의 관계에 있다고 할 수 있다. 문법체계는 독일어보다는 많이 간소화되었으나 영어보다는 좀더 복잡한 편이다. 명사에는 통성명사(en-명사)와 중성명사(ett-명사) 두 종류가 있으며 모든 명사들은 4가지 복수어미(-or, -ar, -er, -n, 단복동형) 중 하나를 택하고 있다. 부정관사(en 또는 ett)는 명사 앞에 오지만 정관사는 명사 끝에 오는 어미관사이다(단수정관사 -en, -et; 복수정관사 -na, -en). 형용사의 어미가 명사의 성수에 따라서 변화하는 것이 독일어와 비슷하다.

　　발음은 철자대로 읽는 것이 원칙이나 예외가 많으니 유의해야 한다. 스웨덴어 알파벳은 로마자 26자에다 끝으로 å, ä, ö 3자를 더하여 모두 29자이다.

　　이 책에 쓰인 스웨덴어 발음의 한글 표기는 로마자 표기법에 따르지 않고 한글자모를 이용하여 될 수 있는 대로 원음에 가깝게 표기한 것이다. 보다 정확한 발음과 억양은 CD에 담긴 원어민의 말씨에 유의하기 바란다

1. 알파벳

대문자	소문자	글자이름	한글 대조
A	a	a:	아 -
B	b	be:	베 -
C	c	se:	쎄 -
D	d	de:	데 -
E	e	e:	에
F	f	ɛf	에프
G	g	ge	게 -
H	h	ho:	호 -
I	i	i:	이 -
J	j	ji:	이이 -
K	k	ko:	코 -
L	l	ɛl	엘 -
M	m	ɛm	엠 -
N	n	ɛn	엔 -
O	o	u:	우 -
P	p	pe:	페 -
Q	q	kü	퀴 -
R	r	ær	애르 -

대문자	소문자	글자이름	한글 대조
S	s	ɛs:	에스
T	t	te:	테 -
U	u	ü	위 -
V	v	ve:	베 -
W	w	dubəlt ve:	두블 베 -
X	x	eks	엑스 -
Y	y	y:	위 -
Z	z	se:ta	쎄 - 따
Å	å	å	오 -
Ä	ä	æ :	애 -
Ö	ö	ø	외 -

2. 주요 발음규칙

1) 모음

o 〈우-〉와 비슷하다.

　예 bo [bu:] 〈부-〉 살다

å 〈오-〉와 같다.

　예 gå [go:] 〈고-〉 가다

u 길 때는 〈위-〉와 비슷하고 짧을 때는 〈우〉와 같다.

예 hus [hü:s] ⟨휘-스⟩ 집   hund [hund] ⟨훈드⟩ 개

y ⟨위⟩를 발음할 때보다 입술을 더 둥글게 한다.

예 ny [ny:] ⟨뉘-⟩ 새로운

2) 자음

g 전설모음 e, i, y, ä, ö 앞과 어말의 l, r 다음에 올 때는 [j]로, 기타 위치에서는 [g]로 각각 소리난다.

예 ge [je:] ⟨예-⟩ 주다
berg [bærj] ⟨배르이⟩ 산
gata [ga:ta] ⟨가-따⟩ 거리

k 전설모음 e, i, y, ä, ö 앞에서는 [ç]로, 기타 위치에서는 [k]로 각각 소리난다.

예 Kina [çi:na] ⟨시-나⟩ 중국
kall [kal:] ⟨칼⟩ 추운

3) 자음군

dj, hj, lj: 어두에서 이들 자음군의 첫 자음은 발음되지 않는다.

예 djur [jü:r] ⟨유-르⟩ 동물
gjorde [ju:ɖe] ⟨유-데⟩ göra(하다)의 과거,
ljus [jü:s] ⟨유-스⟩ 빛, 초
hjälp [jɛlp] ⟨앨프⟩ 도움

sch, sj, skj, stj 는 영어의 [ʃ]와 비슷하게 소리난다.

예 schema [ʃe:ma] ⟨쉐-마⟩ 시간표
sjö [ʃø:] ⟨쉐-⟩ 호수

skjuta [ʃüːta] <슈-따> 총 쏘다

stjärna [ʃæːn̪a] <쉐-나> 별

sk 는 전설모음 e, i, y, ä, ö 앞에서는 [ʃ]로, 기타 위치에서는 [sk]로 소리난다.

예 sked [ʃeːd] <쉐-드> 찻숟갈

skina [ʃiːna] <쉬-나> 빛나다

skada [skaːda] <스까-다> 상처내다

4) 권설음

자음군 rt, rd, rn, rl, rs 의 발음은 두 자음을 융합하여 혀끝을 잇몸 뒷쪽까지 치켜올려 뒷자음을 발음하는 동시에 r 음가는 사라진다. 곧 [ṭ, ḍ, ṇ, ḷ, ṣ] 로 각각 소리난다.

예 start [staṭː] <스타트> 출발

bord [buːḍ] <부-드> 책상

barn[baːṇ] <반-> 아이

5) 소리의 장단

모음과 자음 양쪽에 긴 소리와 짧은 소리가 있다. 그러나 실제로는 긴 모음만이 돋들린다. 한글 발음표기 중에 - 기호는 긴모음을 표시한다.

회화

1. 인사에 관한 표현들

안녕하세요 (마주칠 때)

Hej!

헤이

안녕하세요

God morgon! (아침인사)

굿- 모론

God dag ! (낮인사)

구- 다그

God afton! (저녁인사)

굿   아프톤

안녕히 주무세요!

God natt ! / Sov gott!

굿   니트   쏘브   곳

안녕히 가세요! (계세요)

Adjö !

아이외

잘 가! 잘 있어! (친구사이에)

Hej då !

헤이 도-

요즘 어떻게 지내십니까?

Hur står det till? / Hur mår ni?

휘르 스토르 데 틸   휘르 모-르 니!

(2인칭 대명사 단수에는 du '너' 와 존칭 ni '당신' 두가지가 있다. 단 ni 는 2인칭 복수형으로도 사용된다. 처음 만난 사이거나 상대방이 나이가 많은 경우 존칭 ni를 쓰지만 친숙하거나 동년배 사이에는 du를 쓴다. du의 목적격은 dig, ni의 목적격은 er 이다.)

고맙습니다. 잘 지내고 있습니다.

Tack, jag mår bra.

탁   야   모르 브라

여행 잘 다녀오세요.

Ha en trevlig resa!

하- 엔 트레블리그 레-싸

좋은 하루 보내세요.

Ha det så bra!

_{하- 데 쏘 브라}

주말 잘 보내세요.

Ha en trevlig veckohelgen!

_{하- 엔 트레블리그 베꼬헬옌}

하시는 일은 잘 되고 있나요?

Hur går det med affärerna?

_{휘르 고르 데 메드 아페레나?}

고맙습니다. 잘 되고 있지요.

Tack, det går bra.

_{탁 데 고르 브라}

그냥 그럭 저럭 되어 갑니다.

Det går så där.

_{데 고르 쏘 대르}

성공을 빕니다.

Lycka till!

_{뤽까 틸}

고맙습니다.

Tack så mycket!

_{탁 쏘 뮈께}

인사에 관한 표현들

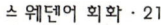

천만예요.

Ingen orsak. / Varsågod.

<small>잉엔　　우-르삭　　바-슈굿</small>

별 것도 아닌데요. (별 말씀을 다 하시네요.)

Det var ingenting att tala om.

<small>데　바르　잉엔팅　　앗　탈라　옴</small>

실례합니다.

Ursäkta. / Förlåt.

<small>우-쌕따　　휘르롯-</small>

여러가지 고맙습니다.

Tack för allt!

<small>탁　　휘르 알트</small>

여러가지로 무척 고맙습니다.

Hjärtligt tack för allt.

<small>얘틀리트　　탁　휘르 알트</small>

당신의 융숭한 접대에 감사드립니다.

Tack för din gästfrihet.

<small>탁　　휘르 딘　애스트후리헤트</small>

별 말씀을 다 하십니다. 약소했습니다.

För all del. Det var så lite.

<small>휘르 알 델　데　봐　쏘 리떼</small>

성탄을 축하합니다.(영어: Merry Christmas!)

God jul !

굿-　율-

새해를 축하합니다.(영어: Happy new year!)

Gott nytt år!

곳트　넛트　오-르

부활절을 축하합니다.

Glad påsk!

글라드　포스크

생신을 축하합니다.

Grattis på födelsedagen!

그라티스　포　훼델세다겐

약혼을 축하합니다.

Grattis till förlovningen!

그라티스　틸　훨로브닝엔

행복하시기를 진심으로 기원합니다.

Lycka till ! / Mina hjärtligaste lyckönskningar !

뤼까　틸　미나　애틀리가스테 뤼크왼스크닝아르

어서 오십시오.

Välkommen!

밸콤멘

기다리고 있었습니다.

Jag har väntat på er.

야　하르　밴땃　　포　애르

만나서 반갑습니다.

Jag är glad att träffa dig(er).

아-　애　글라드　앗　트래파　데이 (애르)

저도 그렇습니다.

Det är jag också.

데　애　야-　옥쏘

또 만납시다.

Vi ses igen!

비　쎄스　이엔

내일 만납시다.

Vi ses i morgon!

비　쎄스　이 모론

미안합니다. 좀 늦었습니다.

Förlåt, jag är lite försenad.

훨롯　야　애　리떼　휘세나드

제가 깜박 잊었습니다.

Jag har glömt det.

야　하르　글룀트　데

걱정하지 마세요.

Var inte orolig för det!

바르 인때 우롤리그 휘르 데

다음에는 잊지 마세요.

Glöm det inte nästa gång!

글룀 데 인때 내스따 공

몸 조심하세요.

Sköt om dig väl!

쉐-트 옴 데이 뱰

쾌유를 빕니다.

Krya på dig.

크뤼아 포 데이

길 조심하세요.

Var försiktig i trafiken!

바르 휘쒹티그 이 트라피껜

2. 소개, 초대

제 이름은 오스카르 입니다.

Jag heter Oskar.

아- 헤떼르 오스까르.

당신의 이름은 무엇입니까?

Vad heter du (ni)?

바드 헤테르 뒤 (니)

만나뵙게 되어 반갑습니다.

Roligt/Trevligt att träffas.

룰리트/트레블리트 앗 트래파스

어서오십시요. 앉으세요.

Kom in! Sitt ner!

콤 인 씨트 내르

여기 제 명함을 드립니다.

Här är mitt visitkort.

해르 애 밋 비싯쿠ㄹ트

구스타브손씨가 제게 당신을 방문하라고 하셨습니다.

Herr Gustafsson bad mig besöka er.

해르 구스타프손 바드 메이 베쇠까 애르

구스타브손씨가 제 이름을 당신에게 알린 것 같은데요.

Jag tror att herr Gustafsson har nämnt mitt namn för er.

야 트루르 앗 해르 구스타프손 하르 냄트
밋트 남 훠르 애르

소개장을 가져왔습니다.

Jag har ett introduktionsbrev.

야 하르 엣트 인트로둑숀스브레브

그는 저와 아주 친한 친구입니다.

Han är en mycket god vän till mig.

한 애 엔 뮈께 굿- 밴 틸 메이

그와 알게 된지는 오래 되었습니다.

Jag har känt honom länge.

야 하르 센트 호놈 랭에

저는 한국인입니다.

Jag är korean.

야 애르 코레안

서울에서 왔습니다.

Jag kom från Seoul.

아 콤 프론 서울

전에 스웨덴에 오신적이 있습니까?

Har ni(du) varit i Sverige förr?

하르 니(뒤) 바릿 이 스배리예 휘르

아니오. 이번이 처음입니다.

Nej, det är första gången för mig.

네이 데 애 휘슈따 공엔 휘르 메이

박선생을 소개할까요?

Får jag presentera herr Park?

휘르 아 프레센테라 해르 박

구스타브손씨가 안부 인사 전합니다.

Herr Gustafsson hälsar (till) er.

해르 구스타프손 핼사르 (틸) 애르

당신을 기꺼이 돕겠습니다.

Jag vill gärna hjälpa er.

야 빌 애ㄹ나 옐빠 애르

몇 살이십니까?

Hur gammal är du (ni)?

휘르 감말 애르 뒤 (니)

스물세살입니다.

Jag är tjugotre år gammal.

야　애르 슈고트레　오르 감말

어디에 사십니까?

Var bor ni (du)?

바르 부르 니 (뒤)

움살라에 삽니다.

Jag bor i Uppsala.

야　부르　이 웁살라

형제가 몇입니까?

Hur många syskon har ni?

휘르　몽아　쒸스콘　하르 니

무슨 일을 하십니까?

Vad sysslar ni med?

바드　쒸슬라르　니 메드

직업이 무엇입니까?

Vad har ni för yrke?

바드　하르 니 휘르 위르케

의사입니다.

Jag är läkare.

야- 애 래까레

스웨덴어를 하십니까?

Talar ni(du) svenska?

탈라르　니(뒤)　　스벤스까

저는 스웨덴어를 못합니다.

Jag kan inte svenska.

야　칸　인떼　스벤스까

소
개
·
초
대

여기 영어나 한국어를 하는 사람이 있습니까?

Talar någon här engelska eller koreanska?

탈라르　　　노-곤　　　해르　　엥엘스까　엘레르　코레안스까

네, 제가 영어를 좀 할 수 있습니다.

Ja, jag kan tala engelska lite grann.

야-　야　칸　　탈라　엥엘스까　　리떼　그란

이 곳에 휴가 오신 것입니까?

Är du här på semester?

애르　뒤　해르　포　쎄메스떼르

이 곳에서 잘 지내고 계십니까?

Trivs ni(du) bra här?

트리브스　니(뒤)　브라-　해르

네, 아주 잘 지내고 있습니다.

Ja tack, jag trivs mycket bra här.

야-　탁　　야　트리브스　뮈께　　브라　해르

혼자이십니까?

Är du(ni) ensam här?

애르 뒤(니)   엔삼   해르

아니요, 가족과 함께 이곳에 왔습니다.

Nej, jag kom hit med familjen.

네이 아- 콤   힛 메드   화밀리엔

우리 집에 방문 오시겠습니까?

Har du lust att hälsa på oss?

하르 뒤 루스트 앗 핼사 포   오스

저녁식사에 초청해도 되겠습니까?

Får jag bjuda dig på middag?

훠르 야   뷰다   데이 포 미닥-

기꺼이 가겠습니다.

Jag kommer så gärna.

아   콤메르   쏘   얘ㄹ나

고맙습니다만 유감스럽게도 갈 수 가 없습니다.

Tack, men jag kan tyvärr inte komma.

탁   멘   야   칸   튀배르 인떼 콤마

다른 데 약속이 있습니다.

Jag är upptagen på annat håll.

아   애 웁타겐   포   아낫   홀

다른 기회로 미루지요.

Kanske en annan gång.

칸쉐 엔 아난 공

불쾌하게 여기지 마시기 바랍니다.

Jag hoppas du inte tar illa upp.

야 홉빠스 뒤 인떼 타르 일라 웁

오늘 저녁에 무엇을 하시겠습니까?

Vad ska ni(du) göra i kväll?

바드 스까 니(뒤) 여라 이 크밸

오늘 저녁엔 아직 결정된 계획이 없습니다.

Jag har inte planerat någonting för i kväll.

야 하르 인떼 플라네라트 노곤팅 훠르 이 크밸

아마도 호텔에서 쉴 것 같습니다.

Kanske, jag stannar på hotellet.

칸쉐 야 스따나르 포 호텔렛

오늘 저녁 파티가 있는데 같이 가시겠습니까?

Det är fest i kväll, ska du följa med?

데 애 훼스트 이 크밸, 스까 뒤 훨야 메드

기꺼이 가겠습니다.

Tack, så gärna.

탁 쏘 애르나

오늘은 너무 피곤합니다.

Jag är mycket trött i dag.

야 애르 뮈께   트룃 이 다-그

어제밤 거의 한숨도 못 잤습니다.

Jag sov ingenting i natt.

야 쏘브 잉엔팅   이 낫트

몇 시에 갈까요?

Hur dags ska jag komma?

휘-르 닥스   스까 아 콤마

내 여동생과 같이 가도 될까요?

Får jag ta med min lilla syster?

휘르 아 타 메드 민   릴라 쮜스테르

물론 좋지요!

Naturligtvis, det går fint.

나튤리트비스   데 고르 핀트

당신의 집 주소를 주시겠습니까?

Får jag din adress?

휘르 아 딘 아드레스

저는 쿵스가딴 34번지에 삽니다.

Jag bor på Kungsgatan trettio-fyra.

야 부르 포 쿵스가딴   드레띠 휘라

닐손 선생이 여기 사십니까?

Bor herr Nilsson här?

부르 해르 닐쏜 해르

그 분 지금 집에 계신가요?

Är han hemma nu?

애르 한 헴마 뉘

아니요, 지금 집에 안계시는데요.

Nej, han är inte hemma just nu.

네이 한 애르 인떼 헴마 유스트 뉘

다시 뵙기를 바랍니다.

Hoppas att vi träffas igen.

홉빠스 앗 비 트래파스 이엔

E-mail 주소 좀 알려 주세요.

Kan du ge mig din e-mail adress.

칸 뒤 에 메이 딘 에메일 아드레스

이것이 제 e-mail 주소 입니다.

Här får du min e-mail adress.

해르 훠르 뒤 민 이메일 아드레스

편지 쓸께요.

Jag ska skriva till dig.

야 스까 스크리바 틸 데이

그립스홀름 성

3. 방문

누구십니까?

Vem är det?

벰　애르 데

실례합니다만, 스벤손씨 댁에 계십니까?

Ursäkta, är herr Svensson hemma?

우쌕따　애 해르　스벤손　헴마

잠깐만 기다리세요.

Ett ögonblick!

엣　외곤블릭

네, 계십니다. 들어오세요.

Ja, han är hemma. Kom in.

아 한　애르 헴마　콤　인

아니요, 조금 전에 나가셨습니다.

Nej, han har just gått ut.

네이 한　하르 유스트 곳　욋

얼마나 기다려야 합니까?

Hur länge behöver jag vänta?

휘르 랭에 뵈회베르 야 밴따

잠시 후에 오실 겁니다.

Han kommer snart tillbaka.

한 콤메르 스나르트 틸바 -까

늦어서 미안합니다.

Ursäkta, jag är försenat.

우쌕따 야 애 휘ㄹ쎄니트

오래 걸립니까?

Dröjer det länge?

드뢰예르 데 랭-에

시간이 급합니다.

Jag har bråttom.

야 하르 브로똠

저는 바쁩니다.

Jag är upptagen.

야 애 웁타겐

메모를 남겨 놓을까요?

Får jag lämna ett meddelande?

휘르 야 램나 엣트 메델란데

다시 만나 반갑습니다.

Jag är glad att träffa dig igen.

야 애 글라드 앗 트래파 데이 이엔

저도 그렇습니다.

Det är jag också.

데 애 아- 옥쏘

들어와 앉으세요.

Kom in, sitt ner!

콤 인 씻 내르

방문

오래 머무를 수 없습니다.

Jag kan inte stanna länge.

야 칸 인떼 스따나 랭에

커피 한잔 드릴까요?

Vill du ha en kopp kaffe?

빌 뒤 하 엔 콥 카페

네, 고맙습니다.

Ja, tack.

야 탁

아니요, 됐습니다.

Nej, tack.

네이 탁

대신 물이나 한잔 주시겠습니까 ?

Får jag ett glas vatten i stället?

휘르 야 엣 글라스 바뗀 이 스탤렛

나는 목이 마릅니다.

Jag är törstig.

야- 애 터슈티그

담배 피우십니까 ?

Röker du(ni) ?

뢰-께르 뒤(니)

커피는 진하게 드시나요, 약하게 드시나요 ?

Hur dricker du kaffe, starkt eller svagt ?

휘르 드릭께르 뒤 카훼 스타르크트 엘레르 스바그트

진하게 타주세요 !

Starkt tack !

스타르크트 탁

편히 앉으세요.

Slå dig ner och gör det bekvämt för dig.

슬로 데이 네르 오끄 여르 데 베크벰트 휘르 데이

어제 찾아 왔었는데, 외출중이시더군요.

Jag sökte dig i går, men du var ute då.

야 쐭떼 데이 이고르 맨 뒤 바르 위떼 도

집에 없어서 미안하게 되었습니다.

Jag är ledsen, att jag inte var hemma.

야 애르 레쎈 앗 야 인떼 바 헴마

좀 더 있다가 저녁 식사나 함께 하시지요.

Jag hoppas du stannar och äter
middag med oss.

야 홉빠스 뒤 스따나르 오끄 애떼르 미닥 메드 오스

고맙습니다만, 30분밖에 머무를 수 없습니다.

Tack ska du ha, men jag kan bara
stanna en halvtimme.

탁 스까 뒤 하- 멘 야 칸 바라
스따나 엔 할브팀메

곧 다시 만나기를 바랍니다.

Jag hoppas vi ses snart igen.

야 홉빠스 비 쎄스 스나르트 이엔

지금 가야 됩니다.

Jag måste gå nu.

야 모스떼 고- 뉘

갈 시간이 되었나요?

Är det dags att gå?

애 데 닥스 앗트 고

늦었습니다.

Det är sent.
데 애 쎈-트

모두에게 인사 전해 주세요! 찾아주셔서 고맙습니다.

Hälsa allihopa! Tack för att du kom.
핼사 알리후빠 탁 회 랏 뒤 콤

즐거웠습니다. 안녕히 계세요.

Det var roligt. Adjö.
데 바 롤리트 아이외

🖎 국립미술관

4. 공항

알란다 공항에 도착했습니다.

Vi har anlänt till Arlanda flygplatsen.

비 하르 안랜트 틸 알란다 플리그플라첸

스톡홀름 시내는 어떻게 들어가나요?

Hur ska man åka till Stockholms
centrum?

휘르 스까 만 오까 틸 스톡홀름스 쎈트룸

공항버스로 갈 수 있습니다.

Du (Ni) kan åka dit med flygbuss.

뒤 (니) 칸 오까 디트 메드 플뤼그부스

좋습니다.

Fint!

핀트

입국심사는 어디서 합니까?

Var är passkontrollen?

바르 애 파스콘트롤렌

여권을 보여주시겠습니까?

Får jag titta på ditt pass.

휘르 야 팃따 포 딧 파스

여기 내 여권이 있습니다.

Här är mitt pass.

해르 애 밋트 파쓰

나는 관광객입니다.

Jag är turist.

야 애 튜리스트

사업차 방문입니다.

Det är ett affärsbesök.

데 애 엣 아홰슈베쇡

휴가차 여기에 왔습니다.

Jag är här på semester.

야 애 해르 포 쎄메스테르

비자가 있습니까?

Har du visum?

하르 뒤 비숨

아니요, 비자가 필요 없습니다.

Nej, jag behöver inget visum.

네이 야 베회베르 잉엣 비숨

나는 이 곳에 14일간 체류할 것입니다.

Jag ska stanna här i fjorton dagar.

야 스까 스따나 해르 이 휴ㄹ똔 다가르

며칠 머무실 예정입니까?

Hur länge ska du stanna här?

휘르 랭에 스까 뒤 스따나 해르

아직 모르겠습니다.

Jag vet inte än.

야 베-트 인떼 앤

어디에 머무를 것입니까?

Var ska du bo?

바-르 스까 뒤 부-

호텔에 있을 것입니다.

Jag ska stanna på hotell.

야 스까 스따나 포 호텔

세관은 어디에 있습니까?

Var är tullen?

바-르 애 툴렌

세관에 신고할 것이 있습니까?

Har ni något att förtulla?

하르　니　노곳　앗　휘르툴라

아니요, 신고할 물건은 없습니다.

Nej, jag har inget att förtulla?.

네이　아　하르　잉엣　앗　휘르툴라

위스키 한 병 밖에 없습니다.

Jag har bara en flaska whisky.

야　하르　바라　엔　플라스카　비스키

이것들은 모두 내 개인 소지품입니다.

Detta är mina personliga grejor.

뎃따　애　미나　패숀리가　그레이요르

가방을 좀 열어 보실까요 ?

Var snäll och öppna era väskor?

바르　스낼　오　외프나　애라　배스꼬르

이제 끝났습니까?

Är ni färdig nu?

애　니　홰ㄹ디그　뉘

이제 가도 됩니까?

Får jag gå nu?

훠르　야　고-　뉘

미안합니다. 무슨 말인지 이해를 못하겠습니다.

Förlåt, jag förstår inte vad du säger.

휠롯 야 휘슈또르 인떼 바드 뒤 쌔이예르

좀 천천히 말씀해 주십시요.

Vill ni vara snäll och tala lite
långsammare!

빌 니 바라 스낼 오 탈라 리떼 롱쌈마레

미안합니다만, 다시 한번 말해주십시요.

Var snäll och tala en gång till!

바르 스낼 오 탈라 엔 공 틸

공항

여기 영어 할 줄 아는 사람 있습니까?

Talar någon här engelska?

탈라르 노곤 해르 엥엘스까

이것은 과세품입니까?

Är detta tullplikt?

애 데따 툴플릭트

얼마나 지불해야 되나요?

Hur mycket behöver jag betala?

휘르 위께 베회베르 야 베탈라

공항까지 가는 버스가 있습니까?

Går det buss till flygplatsen?

고르 데 부쓰 틸 플리그플라첸

비행기는 몇 시 출발입니까?

Hur dags går planet?

휘르 닥스 고르 플라넷

짐을 얼마나 가져 갈 수 있습니까?

Hur mycket bagage får jag ta med mig?

휘르 뮈께 바가슈 포르 야 타 - 메드 메이

비행 시간이 얼마나 걸리지요 ?

Hur lång tid tar det med flyg ?

휘르 롱 티-드 타르 데 메드 플뤼그

5. 은행, 환전

어디서 돈을 바꿀 수 있나요?

Var kan jag växla pengar?

바르 칸 야 백슬라 펭아르

은행은 몇 시까지 문을 엽니까?

Hur länge är banken öppen?

휘르 랭에 애 방껜 외삔

이 여행자 수표를 현금으로 바꾸려고 합니다.

Jag vill växla den här resechecken.

야 빌 백슬라 덴 해르 레세세껜

잔 돈을 섞어 주시면 좋겠습니다.

Kan ni ge mig små pengar också?

칸 니 예 메이 스모 펭아르 옥쏘

달러로 바꾸어 주실까요?

Kan ni växla det här till dollar?

칸 니 백슬라 데 해르 틸 돌라르

스웨덴 크루나로 바꾸어 주시겠어요?

Kan ni växla det här till svenska kronor?

칸 니 백슬라 데 해르 틸 스벤스까 크루노르

오늘 환율이 어떻습니까?

Vad är växelkursen för idag?

바드 애 백쎌쿠센 휘르 이닥-

가까운 곳에 상업은행이 있습니까?

Finns det Handelsbank i närheten?

핀스 데 한델스방크 이 내르헤뗀

은행 통장 하나 개설하고 싶습니다.

Jag vill öppna ett bankkonto.

야 빌 외프나 엣 방크콘또

은행

신분증이 있습니까?

Har ni legitimation?

하르 니 레기티마숀

스웨덴 의사당

6. 시간, 날짜

몇 시 입니까?

Vad är klockan?

바- 애 클로깐

열시입니다.

Klockan är tio.

클로깐 애 티오

2시 15분입니다.

Klockan är kvart över två.

클로깐 애 크바ㄹ트 외베르 트보

9시 15분 전 입니다.

Klockan är kvart i nio.

클로깐 애 크바ㄹ트 이 니오

12시 반입니다.

Den är halv ett.

덴 애 할브 에트

3시 10분전 입니다.

Den är tio i tre.

덴   애   티오 이 트레

아침에 몇 시에 일어나십니까?

Hur dags stiger du upp på morgonen?

휘르   닥스   스티게르 뒤   웁   포 모로넨

버스가 언제 출발합니까?

Hur dags går bussen?

휘르   닥스   고-르 부쎈

몇 시 집에 돌아 오셨습니까?

Hur dags kom du hem?

휘르   닥스   콤   뒤 헴

내 시계가 가지 않네요.

Min klocka har stannat.

민   클로까   하르 스따낫

잘 맞지 않습니다.

Den går fel.

덴   고-르 휄

빨리 갑니다.

Den går före.

덴   고-르 휘레

늦게 갑니다.

Den går efter.

덴   고-르 에프테르

몇 시에 나가실 것입니까?

Hur dags ska du gå ut?

휘르   닥스   스까   뒤   고- 윗

시간이 얼마나 걸립니까?

Hur lång tid tar det?

휘-르   롱   티드 타르 데

오늘이 며칠입니까?

Vad är det för datum i dag?

바 - 애 데   휘르 다-툼   이 다그

2000년 2월 25일 입니다.

Det är den tjugofemte februari
tvåtusen.

데   애 덴   슈고펨떼   훼브루아리   트보튀센

오늘이 무슨 요일입니까?

Vad är det för veckodag i dag?

바   애 데   휘르 벡꼬다그   이 다그

오늘은 수요일입니다.

Det är onsdag i dag.

데 애 운스다그 이 다그

11시 정각에 만납시다.

Vi ses prick klockan elva.

비 쎄스 프릭 클로깐 엘바

내일은 며칠입니까?

Vad är det för datum i morgon?

바- 애 데 훠르 다-툼 이 모-론

내일은 3월 1일입니다.

I morgon är den första mars.

이 모-론 애 덴 훠슈타 마-슈

 스톡홀름 항구의 전경

모레는 일요일입니다.

I övermorgon är det söndag.

이 외버르모론 애 데 쐰다-그

생일이 언제 입니까?

När fyller du år?

내-르 휠레르 뒤 오-르

내 생일은 7월 31일 입니다.

Jag är född den 31 juli.

야- 애 훠-드 덴 트레띠 훠슈따 율-리

언제 이곳에 오셨습니까?

När kom du hit?

내-르 콤 뒤 힛트

어제 왔습니다.

Jag kom i går.

야- 콤 이 고-르

일주일 전에 왔습니다.

Jag kom för en vecka sedan.

야- 콤 훠르 엔 벡까 쎈(쎄단)

잠시 후에 떠날 것 입니다.

Jag ska åka om en stund.

야- 스까 오-까 옴 엔 스툰드

이 곳은 개점시간이 몇 시입니까?

Hur dags öppnas affärerna här?

휘르   닥스   외프니스   아페레나   해-르

상점은 아침 9시에 문을 엽니다.

Affärerna öppnas klockan nio på morgonen.

아페레나   외프니스   클로깐   니-오 포 모로넨

몇 시에 상점문을 닫습니까?

Hur dags stängs affärerna?

휘-르   닥스   스탱스   아페레나

백화점은 저녁 6시에 문을 닫습니다.

Varuhuset stängs klockan sex på kvällen.

바르휘셋   스탱스   클로깐   쎅스 포 크밸렌

몇 살이십니까? / 연세가 어떻게 되십니까?

Hur gammal är du(ni)?

휘-르   감말   애 뒤(니)

25세 입니다.

Jag är tjugofem år gammal.

아-   애   슈고펨   오-르   감말

하루에 얼마 동안 일하십니까?

Hur länge jobbar du på en dag?

휘-르 랭에   요바르   뒤 포 엔 다그

하루 8시간 일 합니다.

Jag jobbar åtta timmar om dagen.

야   요바르   오따   팀마르   옴 다겐

시
간
·
날
짜

7. 호텔투숙

이 근처에 좋은 호텔이 있습니까?

Finns det bra hotel här i närheten?

핀스   데   브라   호텔   해르 이   내르헤텐

나는 싼 호텔을 찾습니다.

Jag letar efter ett billigt hotel.

야   레 - 타르 에프테르   엣   빌리트   호텔

서울에서 방을 하나 예약 했습니다.

Jag har reserverat ett rum från Seoul.

야 - 하르   레새르베랏   엣 룸   프론   서울

프론트(접수계)가 어디 있습니까 ?

Var är receptionen ?

바-르 애   레셉슈넨

빈 방이 있습니까?

Har ni något rum ledigt?

하르   니 노-곳   룸   레디트

독방을 원합니다.

Jag skulle vilja ha ett enkelrum.

야 스쿨레 빌야 하 엣 엥켈룸

2인실을 원합니다.

Jag skulle vilja ha ett dubbelrum.

야 스쿨레 빌야 하- 엣 두벨룸

욕실이 딸린 방을 원합니다.

Jag skulle vilja ha ett rum med bad.

야 스쿨레 빌야 하 엣 룸 메드 바-드

이틀 밤만 묵겠습니다.

Jag vill stanna bara två nätter.

야 빌 스따나 바-라 트보 냇떼르

여기서 일주일이나 어쩌면 더 오래 머물 것입니다.

Jag ska stanna här en vecka kanske längre.

야 스까 스따나 해르 엔 벡까 칸쉐 랭으레

얼마동안 머무르게 될지 아직 모르겠습니다.

Jag vet ännu inte hur länge jag stannar.

야 베-트 앤뉴 인떼 휘르 랭에 야 스따나르

방을 좀 볼까요?

Får jag se på rummet?

훠르 야 쎄- 포 룸멧

이 방으로 정하겠습니다.

Jag tar det här rummet.

야 타르 데 해르 룸멧

이 방은 몇 호실이지요?

Vad är numret på rummet?

바 애 누므렛 포 룸멧

방 값은 얼마입니까?

Vad kostar rummet?

바- 코스따르 룸멧

너무 비쌉니다.

Det är för dyrt.

데 애 훠르 뒤ㄹ트

좀 더 싼 것이 있습니까?

Har ni något billigare?

하르 니 노-곳 빌리가레

소란한 구역에서 지내고 싶지 않습니다.

Jag vill inte bo på ett bullersamt område.

야 빌 인떼 부- 포 엣 불레르삼트 옴로데

다른 호텔을 소개해 주실 수 있습니까?

Kan ni rekommendera ett annat hotell?

칸 니 레콤멘데라 엣 아낫 호텔

시내 중심부 가까이에 있고 싶습니다.

Jag vill vara nära stadens centrum.

야- 빌 바-라 내라 스타덴스 쎈트룸

발코니가 있는 방을 원합니다.

Jag skulle vilja ha ett rum med balkong.

야- 스쿨레 빌야 하- 엣 룸 메드 발콩

하루 밤에 얼마입니까?

Vad kostar det per natt?

바드 코스따르 데 패르 나트

짐 운반인은 어디 있습니까?

Var är portiern?

바-르 애 포르쎈

승강기가 있습니까?

Finns det hiss?

핀스 데 히쓰

짐을 제 방으로 보내 주시겠습니까?

Var snäll och skicka bagaget till mitt rum.

바르 스낼 오 쉬까 바가헷 틸 밋트 룸

식당은 어디에 있습니까?

Var är matsalen?

바르 애 맛- 쌜렌

(matsal은 보통 구내식당을 가리킴)

스낵 바도 있습니까?

Finns det också en snackbar?

핀스 데 옥쏘 엔 스낙바르

호텔투숙

식사를 내 방에서 할 수 있습니까?

Kan jag få mat på mitt rum?

칸 야 포 마-트 포 밋트 룸

식당은 몇시에 문을 엽니까?

När öppnas restaurangen?

내-르 외프나스 레스또랑겐

영어를 할 줄 아는 사람이 있습니까?

Talar någon här engelska?

탈라르 노-곤 해르 엥엘스까

노벨수상자를 위한
만찬회장 블로할렌
(스톡홀름 시청사내)

아침은 몇시에 먹습니까?

Hur dags kan jag få äta frukost?

휘르 딕스 칸 야 포 애따 프루코스트

내일 아침 6시에 좀 깨어 주십시오.

Var snäll och väck mig klockan sex i
morgon.

바르 스낼 오 백크 메이 클로깐 쎅스 이 모론

나는 내일 떠납니다.

Jag reser i morgon.

야 레쎄르 이 모론

여기 호텔에 미장원이 있습니까?

Finns det en damfrisör i hotellet?

핀스 데 엔 담-프리쇠르 이 호텔렛

여기 호텔에 이발관이 있습니까?

Finns det en herrfrisör i hotellet?

핀스 데 엔 해르프리쇠르 이 호텔렛

여기서 세탁 서비스도 해줍니까?

Finns det någon tvättservice här?

핀스 데 노곤 트뱃써ㄹ비스 해르

내게 편지 온 것 있습니까?

Finns det något brev till mig?

핀스 데 노-곳 브레-브 틸 메이

내게 연락 온 것 없는지요?

Finns det något meddelande till mig?

핀스 데 노-곳 메델란데 틸 메이

내게 전화가 왔었습니까?

Har någon ringt till mig?

하르 노-곤 링트 틸 메이

그에게 전갈을 보내 주시겠습니까?

Vill ni skicka ett bud till honom?

빌 니 쉬까 엣 뷰드 틸 호놈

이 편지를 항공으로 보내주십시요.

Kan ni skicka det här brevet med flyg?

칸 니 쉬까 데 해르 브레벳 메드 플뤼그

이 소포를 한국으로 보내고 싶습니다.

Jag skulle vilja skicka det här paketet
till Korea.

야 스쿨레 빌아 쉬까 데 해르 파케-텟 틸 코레아

우표 있습니까?

Har ni några frimärken?

하르 니 노그라 프리매르껜

내 귀중품을 보관해 주시겠습니까?

Kan ni bevara mina värdesaker?

칸 니 베바라 미나 배ㄹ데싸께르

나는 지금 외출합니다.

Jag går ut nu.

야 고르 윗 뉘

호텔 투숙

저녁 식사 시간에 돌아 오겠습니다.

Jag kommer tillbaka till middag.

야 콤메르 틸바까 틸 미다그

(손님의)방열쇠를 주시겠습니까?

Kan jag få er nyckel?

칸 야 포 애르 뉘껠

죄송합니다만 열쇠를 방에 두고 나왔습니다.

Ursäkta! Jag har lämnat kvar min nyckel i mitt rum.

우쌕따 야 하르 램나트 크바르 민 뉘껠 이 밋트룸

화장실은 어디 있습니까?

Var är toaletten?

바르 애 투알렛뗀

미세요.

Skjut.

슈-트

당기세요.

Drag.

드라그

누르시오.

Tryck.

트뤼크

국제전화를 신청하겠습니다.

Jag vill beställa ett samtal till utlandet.

아 빌 베스탤라 엣 쌈탈 틸 위트란뎃

시내전화는 어떻게 겁니까?

Hur kan jag ringa till stan?

휘르 칸 아 링아 틸 스딴

깨우지 마세요. (방문에 써 붙일 때)

Väck mig ej!

배크 메이 에이

방 청소를 해 주십시오. (방문에 써 붙일 때)

Var god och städa rummet!

바르 굿- 오 스태다 룸멧

〈불편 사항〉

방을 바꾸고 싶습니다.

Jag skulle vilja byta rummet.

아 스쿨레 빌야 뷔-따 룸멧

이 방은 너무 큽니다.

Det här rummet är för stort.

데 해르 룸멧 애 훠르 스투르트

나는 조금 작은 방을 원합니다.

Jag skulle vilja ha ett mindre rum.

아 스쿨레 빌랴 하 엣 민드레 룸

나는 좀 더 큰 방으로 바꾸고 싶습니다.

Jag skulle vilja byta till ett större rum.

아 스쿨레 빌랴 뷔-따 틸 엣 스터레 룸

방에 전화가 있습니까?

Finns det telefon på rummet?

핀스 데 텔레폰 포 룸멧

전압이 몇 볼트입니까?

Hur många volt är det?

휘르 몽아 볼트 애 데

자물쇠가 고장입니다.

Låset fungerar inte.

로-셋   훙게라르   인떼

온수가 안나옵니다.

Det kommer inget varmvatten.

데   콤메르   잉엣   바름바뗀

욕조의 물마개가 제대로 닫히지 않습니다.

Proppen i badkaret sitter inte
ordentligt.

프롭뺀   이   바드카렛   씻떼르   인떼   오르덴틀리트

화장실의 물이 내려가지 않습니다.

Det går inte att spola toaletten.

데   고르   인떼   앗   스폴라   투알레뗀

누구를 좀 보내주시겠습니까?

Kan ni skicka någon hit?

칸   니   쉭까   노곤   힛트

여기 비누가 없습니다.

Det finns ingen tvål här.

데   핀스   잉엔   트볼   해르

여기 수건이 없습니다.

Det finns ingen handduk här.
데   핀스   잉엔   한뒤크   해르

통풍장치가 있습니까?

Finns det en ventil?
핀스   데   엔   벤틸-

이불이 하나 더 필요합니다.

Jag behöver en filt till.
아   베회베르   엔   휠트 틸

베개가 하나 더 필요합니다.

Jag behöver en kudde till.
아   베회베르   엔   쿠데   틸

김씨는 아직 자기 방에 있습니까?

Är herr Kim fortfarande i sitt rum?
애   해르   킴   홋화란데   이 씨트 룸

자동차는 어디다 주차할까요?

Var kan jag parkera min bil?
바르   칸   아   파르케라   민   빌

방이 너무 춥습니다.

Det är för kallt i rummet.
데   애   회르 칼트   이 룸멧

방이 너무 덥습니다.

Det är för varmt i rummet.

데　애　휘르　바름트　이 룸멧

방이 마음에 들지 않습니다.

Jag tycker inte om rummet.

야　튀께르　인떼　옴　룸멧

바다가 보이는 쪽으로 방을 예약했는데요.

Jag har bokat ett rum med havsutsikt.

야　하르　부까트　엣 룸　메드　하브스윗씩트

좀더 싼 다른 방이 있습니까 ?

Har ni nåot annat rum som är billigare?

하르　니　노곳　아낫　룸　쏨　애　빌리가레

하루 세끼 포함된 요금은 얼마입니까?

Hur mycket kostar helpension?

휘르　뮈껫　코스타르　헬팡숑

가격에 식사비도 포함되나요?

Ingår måltider i priset?

인고르　몰-티데르　이 프리셋

아기도 요금을 냅니까?

Kostar det något för babyn?

코스타르 데 노곳 휘르 베이빈

아이는 할인을 해 줍니까?

Har ni nedsatt pris för barn?

하르 니 네드씨트 프리스 휘르 반-

여기에 서명해 주십시오.

Var snäll och skriv under här.

바르 스낼 오 스크리브 운데르 해르

오늘 호텔에서 나가겠습니다(체크아웃).

Jag ska checka ut i dag.

야 스까 셰까 윗 이 다그

이 용지에 기록해 주십시오.

Vill du vara snäll och fylla i blanketten?

빌 뒤 바라 스낼 오 휠라 이 블랑케뗀

계산서를 주시겠어요?

Kan jag få räkningen?

칸 야 포 래크닝엔

신용카드로 지불하겠습니다.

Jag betalar med kreditkort.

야 베탈라르 메드 크레딧쿠르트

현찰로 내겠습니다.

Jag betalar kontant.

아　베탈라르　콘탄트

공항까지 버스로 얼마나 걸립니까?

Hur lång tid tar det med buss till flygplats?

휘르　롱　티드 타르 데　메드 부스　틸 플뤼그플랏츠

노벨상 만찬후 무도회장으로 쓰이는 "황금의 방"
(스톡홀름 시청사 내)

8. 식당

음식점이 어디 있습니까?

Var ligger restaurangen?

바르   리게르   레스또랑엔

이 근처에 중국 음식점은 없습니까?

Finns det en kinesisk restaurang här i
närheten?

핀스   데   엔   시네시스크   레스또랑 해르 이 내르헤뗀

이 근처에 한국 음식점이나 일본 음식점은 없습
니까?

Finns det en koreansk restaurang eller
en japansk restaurang här i närheten?

핀스   데   엔   코레안스크   레스또랑   엘레르
엔 아판스크   레스또랑   해르 이 내르헤뗀

저녁 식사는 몇 시부터 됩니까?

När serveras middag?

내르   쌔르베라스   미다그

나는 매우 배가 고픕니다/목이 마릅니다.

Jag är mycket hungrig/törstig.

야 애 뮈께 훙그리그/터슈티그

웨이터와 이야기 할 수 있을까요?

Får jag tala med kyparen?

휘르 야 탈라 메드 쉬빠렌

지배인과 이야기 할 수 있을까요?

Får jag tala med hovmästarn?

포르 야 탈라 메드 호브매스따른

2인용 테이블을 예약하였습니다.

Jag har reserverat ett bord för två.

야 하르 레쌔르베라트 옛 부ㄹ드 휘르 트보

3인용 테이블이 있습니까?

Har ni ett bord för tre?

하르 니 옛 부ㄹ드 휘르 트레

우리는 어디에 앉을까요?

Var kan vi sitta?

바르 칸 비 씻따

우리는 창가에 앉고 싶습니다.

Vi skulle vilja sätta oss vid fönstret.

비 스쿨레 빌야 쌧따 오스 비드 휜스트렛

우리는 벽쪽에 앉고 싶습니다.

Vi skulle vilja sätta oss vid väggen.

비 스쿨레 빌야 쌧따 오스 비드 배겐

메뉴판을 보여주시겠습니까?

Kan jag få se matsedeln, tack?

칸 야 포 쎄- 마트쎄델른 탁

영어로 된 메뉴판이 있습니까?

Har ni matsedeln på engelska?

하르 니 맛쎄델른 포 엥엘스까

이 식당의 특별 메뉴를 먹고 싶습니다.

Vi skulle vilja ha specialiteten på den
här restaurangen.

비 스쿨레 빌야 하 스페시알리테텐 포 덴 해르 레스또랑겐

어떤 것을 추천하시겠습니까?

Vad kan ni rekommendera?

바드 칸 니 레콤멘데라

오늘의 지정 메뉴는 무엇입니까?

Vad har ni för dagens rätt?

바드 하르 니 휘르 다겐스 랫트

소고기가 아주 좋습니다.

Oxköttet är mycket gott.

욱스서텟 애 뮈께 곳

맛이 좋습니까?

Är det gott?

애 데 곳

(메뉴판을 가리키며) 이것으로 하겠습니다.

Jag vill ha det här.

아 빌 하 데 해르

이것은 스웨덴어로 무어라고 합니까?

Vad är detta på svenska?

바드 애 뎃따 포 스벤스까

이것은 스머르고스부ㄹ드입니다.

Detta är smörgåsbord.

데따 애 스머르고스부ㄹ드

(스머르고스부ㄹ드는 스칸디나비아식 뷔페로 생선요리가 많음)

기름진 것은 싫습니다.

Jag vill inte ha någonting fett.

아 빌 인떼 하 노곤팅 훼트

매운 것을 원합니다.

Jag vill ha någonting starkt.

아 빌 하 노곤팅 스타르크트

나는 이것을 좋아하지 않습니다.

Jag tycker inte om detta.

아 튀께르 인떼 옴 데따

나는 이것을 주문하지 않았습니다.

Jag beställde inte den här.

야 베스탤데 인떼 덴 해르

우리는 우선 토마토 스프로 시작 하겠습니다.

Vi skulle vilja ha tomatsoppa till att
börja med.

비 스쿨레 빌야 하 토마트쏘빠 틸 앗 버르야 메드

저는 밥을 먹고 싶습니다.

Jag skulle vilja ha ris.

야 스쿨레 빌야 하 리스

좀 더 하시겠습니까?

Skulle ni vilja ha lite mera?

스쿨레 니 빌야 하 리떼 메라

예, 주십시오.

Ja, tack.

야 탁

마실 것은 무엇으로 하시겠습니까?

Vad vill ni dricka?

바드 빌 니 드릭까

식
당

포도주 목록을 주시겠습니까?

Kan jag få vinlistan?

칸 야 포 빈-리스딴

적포도주/백포도주 한잔 주십시오.

Får jag ett glas rött vin/vitt vin?

휘르 야 엣 글라스 룃트 빈-/빗트 빈-

맥주 한잔 주십시오.

Ett glas öl, tack.

엣 글라스 욀 탁

건배!

Skål!

스콜-

우유 한잔 주십시오.

Ett glas mjölk, tack.

엣 글라스 멸크 탁

커피 한잔 주십시오.

Jag vill ha en kopp kaffe.

야 빌 하 엔 코프 카페

따끈한 코코아 한잔.

En kopp varm choklad.

엔 콥 바름 슈클라드

재떨이 좀 주시겠습니까?

Kan jag få ett askfat?

칸　야　포　엣　아스크화트

몇 시에 문을 닫습니까?

Hur dags stänger ni?

휘르　닥스　스탱에르　니

이것을 치워 주십시오.

Var snäll och ta bort det här.

바르　스낼　오　타　보르트　데　해르

이것은 깨끗하지 않습니다.

Det här är inte rent.

데　해르　애　인떼　렌트

다른 것으로 주시겠습니까?

Kan jag få något annat?

칸　야　포　노곳　아낫

이 접시는 깨끗하지 않습니다.

Den här tallriken är inte ren.

덴　해르　탈리껜　애　인떼　렌

소금과 후추 좀 주십시오.

Var snäll och ge mig salt och peppar!

바르　스낼　오　예　메이　쌀트　오　페빠르

생선을 어떻게 드시겠습니까?

Hur vill du ha fisken?

휘르 빌 뒤 하 피스켄

나는 구운 것을 원합니다.

Jag skulle vilja ha den grillad.

야   스쿨레   빌야   하 덴   그릴라드

삶아주세요.

Jag skulle vilja ha den kokt.

야   스쿨레   빌야   하 덴   콕크트

훈제 연어는 아주 맛있습니다.

Rökt lax är läckert.

뢰크트 락스 애 래케르트

이것은 알맞게 구어졌습니다.

Den här är lagom stekt.

덴   해르 애 라곰   스테크트

통조림 청어는 언제 먹습니까?

När äter man surströmming?

내르   애떼르 만   쉬르스트뢰밍

그것은 주로 여름에 먹습니다.

Man äter den mest på sommaren.

만   애떼르 덴   메스트 포   솜마렌

계산서를 주십시오.

Kan jag få notan?

칸 아 포 누-딴

(계산서에) 봉사료까지 포함된 것입니까 ?

Är det inklusive service?

애 데 인클루시베 써ㄹ비스

이 계산서는 맞지 않습니다.

Den här räkningen är inte riktig.

덴 해르 래-크닝엔 애 인떼 릭티그

내가 다 지불하겠습니다.

Jag betalar för oss alla.

아 베탈라르 휘르 오스 알라

우리는 각자 지불합니다.

Vi betalar var för sig.

비 베탈라르 바르 휘르 쎄이

다 합해서 얼마입니까?

Hur mycket kostar allesammans?

휘르 뮈께 코스따르 알레쌈만스

후식으로 과일을 드시겠습니까?

Vill ni ha lite frukt till dessert?

빌 니 하 리떼 프룩트 틸 데쌔-르

예, 포도 좀 먹겠습니다.

Ja, kanske några vindruvor.

야　칸세　　　노그라　　　빈-드류보르

담배 피우시겠습니까 ?

Vill ni ha en cigarrett?

빌　　니　하　엔　씨가렛트

팬찮습니다. 나는 담배를 피우지 않습니다.

Nej tack, jag röker inte.

네이　탁　　야　뢰께르　　인떼.

나는 담배를 끊었습니다.

Jag har slutat röka.

야　하르　슬류따트　뢰-까

🖙 스톡홀름 시 한복판

9. 관광

관광안내소가 어디 있습니까?

Var ligger turistbyrån?

바르 리게르   튜리스트뷔론

영어를 하는 안내원이 있습니까?

Finns det en guide som talar engelska?

핀스 데 엔 가이드 쏨 탈라르 엥엘스까

시내여행 안내 책자를 원합니다.

Jag vill ha en resehandbok över staden.

야 빌 하 엔 레쎄한드북   외베르 스타덴

시내지도가 한장 필요합니다.

Jag vill ha en karta över staden.

야 빌 하 엔 카ㄹ따 외베르 스타덴

제일 인기가 좋은 관광코스는 어느 것입니까?

Vilka är de populäraste rundturerna?

빌까   애 데 포풀래라스떼   룬드튜레나

어디서 출발합니까?

Varifrån åker vi?

바리프론 　오께르 비

몇 시에 돌아옵니까?

När kommer vi tillbaka?

내르 콤메르 　비 틸바까

하루에 얼마지요?

Hur mycket kostar det per dag?

휘르 뮈께 　코스타르 데 패르 다-그

구경할 만 한 것은 모두 보고자 합니다.

Jag vill se allt som är värt att se.

야 빌 쎄 알트 쏨 　애 배르트 앗 쎄

시내 관광 버스가 있습니까?

Finns det buss som gör en rundtur i staden?

핀스 데 부쓰 쏨 　여르 엔 룬드튜르 이 스타-덴

버스 관광과 배 관광 모두 있습니다.

Vi har både bussrundturer och båt-rundturer.

비 하르 보데 　부쓰룬드튜레르 오 보트룬드튜레르

버스 관광은 시간이 얼마나 걸리지요?

Hur lång tid tar det för en busstur?

휘르 롱 티드 타르 데 휘르 엔 부쓰튜-르

나는 두시간 밖에 여유가 없습니다.

Jag är ledig bara två timmar.

야 애 레디그 바라 트보 팀마르

두 시간 걸리는 관광 코스가 있습니다.

Det finns en rundtur som tar två
timmar.

데 핀스 엔 룬드튜르 쏨 타르 트보 팀마르

오전 관광 코스가 있습니까?

Har ni en rundtur på förmiddagen?

하르 니 엔 룬드튜르 포 휘르미다겐

오후 관광 코스가 있습니까?

Har ni en rundtur på eftermiddagen?

하르 니 엔 룬드튜르 포 에프터미다겐

관광(여행)은 언제 시작합니까?

Hur dags startar utfärden?

휘르 닥스 스타ㄹ따르 위트홰ㄹ덴

관
광

관광(여행)은 언제 끝납니까?

Hur dags slutar utfärden?

휘르　닥스　슬류따르　위트홰ㄹ덴

버스 관광 코스는 얼마입니까?

Vad kostar en bussrundtur?

바드　코스따르　엔　부쓰룬드튜르

나는 (스톡홀름)대성당을 구경하고자 합니다.

Jag vill se Storkyrkan.

야　빌　쎄　스투르쉬르깐

나는 스톡홀름대학을 구경하고자 합니다.

Jag vill se Stockholms universitet.

야　빌　쎄　스톡홀름스　우니배르시텟

나는 박물관에 흥미가 많습니다.

Jag är mycket intresserad av museer.

야　애　뮈께　인트레쎄라드　아브 뮤세애르

나는 미술관에 흥미가 많습니다.

Jag är mycket intresserad av
konstmuseer.

야　애　뮈께　인트레쎄라드 아브 콘스트뮤세에르

식물원을 구경하고 싶습니다.

Jag skulle gärna vilja besöka botaniska
trädgården.

언제 (몇시에) 엽니까?

När (hur dags) öppnar den?

언제 닫습니까?

När stänger den?

일요일에도 엽니까?

Är den öppen på söndagar?

성(城)을 견학할 수 있습니까?

Kan man bese slottet?

우리끼리 돌아보아도 되나요, 아니면 안내가 있
어야 하나요?

Kan vi gå omkring ensamma eller
behöver vi en guide?

다음 번 관람은 몇시입니까?

När börjar nästa visning?

내르 버르아르 내스따 비스닝

우리는 얼마나 기다려야 합니까?

Hur länge behöver vi vänta?

휘르 랭에 베회베르 비 밴따

성(城)에는 방이 몇 개나 됩니까?

Hur många rum finns det i slottet?

휘르 몽아 룸 핀스 데 이 슬롯뗏

계단이 몇 개나 됩니까?

Hur många trappsteg finns det?

휘르 몽아 트랍스테그 핀스 데

얼마나 더 걸어가야 됩니까?

Hur långt har vi kvar att gå?

휘르 롱트 하르 비 크바르 앗 고

모든 코스를 걸어가야만 합니까?

Måste man gå till fots hela vägen?

모스떼 만 고 틸 후츠 헬라 배겐

잠깐 쉬어갑시다.

Låt oss vila oss ett tag.

로또스 빌-라 오스 엣 타그

전망이 좋습니다.

Det är bra utsikt.

데 애 브라 윗식트

여기서 사진을 찍어도 됩니까?

Får jag fotografera här?

포르 야 휘토그라페라 해르

스칸센을 어떻게 갑니까?

Hur kommer jag till Skansen?

휘르 콤메르 야 틸 스칸센

택시를 어디서 탑니까?

Var kan jag få tag på en taxi?

바르 칸 야 포 타- 포 엔 탁씨

가까운 버스 정류장이 어디에 있습니까?

Var ligger den närmaste busshållplatsen?

바르 리게르 덴 내르마스떼 부쓰홀플랏첸

가장 가까운 지하철역은 어디에 있습니까?

Var ligger den närmaste
tunnelbanestationen?

바르 리게르 덴 내르마스테 툰넬바네스타슈넨

스톡홀름 중앙역으로 가는 버스는 어느 것입니까 ?

Vilka bussar går till Stockholms
centralstation?

빌까　　부싸르　　고르　　틸　　스톡홀름스　　쎈트랄스타훈

표 사는 것 좀 도와주시겠습니까?

Kan ni hjälpa mig att köpa en biljett?

칸　　니　옐빠　　메이　　앗　세빠　　엔　빌예트

움살라로 가려고 합니다.

Jag vill åka till Uppsala.

야　빌　오까　틸　움살라

잠깐만 서 주십시오.

Var snäll och stanna ett ögonblick!

바르　스낼　오　스타나　엣　외곤블릭

✎ 겨울 풍경

여기서 내리면 됩니까?

Skall jag stiga av här?

스칼 아 스티가 아브 해르

스톡홀름으로 가는 마지막 기차는 몇시에 떠납니까?

När går det sista tåget till Stockholm?

내르 고르 데 씨스타 토-겟 틸 스톡홀름

이것이 다그 함마슐드의 기념비입니까?

Är detta minnesmärket över Dag Hammarskjöld?

애 데따 미네스매르켓 외베르 다그 함마르쉘드

가믈라스탄(구시가)은 어디에 있습니까?

Var ligger Gammla stan?

바르 리게르 감믈라 스탄

울로프 팔메의 묘소는 어딥니까?

Var ligger Olof Palme begravd?

바르 리게르 울로프 팔메 베그라브드

어디서 청량음료를 구할 수 있습니까?

Var kan man få förfrisknigar?

바르 칸 만 포 퍼르프리스크닝아르

어디서 그림 엽서를 살 수 있습니까?

Var kan man köpa vykort?

바르 칸 만 셰빠 뷔쿠르트

이 카탈로그(목록)는 얼마입니까?

Vad kostar katalogen?

바드 코스따르 카탈로겐

알프레드 노벨에 관한 책이 있습니까?

Har ni någon bok om Alfred Nobel?

하르 니 노곤 부-크 옴 알프레드 노벨

헬싱키 가는 배는 얼마나 자주 있습니까?

Hur ofta går det båtar till Helsingfors?

휘르 오프타 고르 데 보-따르 틸 헬싱휘슈

부두에는 어떻게 가지요?

Hur ska man åka till kajen?

휘르 스까 만 오-까 틸 카이엔

될 수 있는 한 빨리 돌아가 주십시오. (차를 몰아)

Kör tillbaka så fort som möjligt!

서-르 틸바까 쏘 후르트 쏨 머일리트

안내원에게 얼마를 지불해야 합니까?

Hur mycket bör jag ge guiden?

휘르 뮈께 버르 야 예 가이덴

10. 쇼핑
(물건사기)

이 도시에는 쇼핑센터가 어디 있습니까?

Var ligger affärscentrumet i den här
staden?

바르   리게르   아패슈센트루멧   이 덴 해르 스타-덴

가까운 곳에 백화점이 있습니까?

Finns det ett varuhus i närheten?

핀스   데   엣 바르휘스   이 내르헤덴

이 도시의 특산물은 무엇입니까?

Vad är stadens specialitet?

바드   애   스타덴스   스페시알리텟

면세점이 있습니까?

Finns det en taxfri-shop?

핀스   데   엔   탁스프리숍

상점의 영업시간이 어떻게 됩니까?

Hur länge är shopen öppen?

휘르 랭에 애 쇼펜 외뻰

면세점에서는 무엇을 싸게 살 수 있습니까?

Vad kan man köpa billigt på taxfri-
shopen?

바 칸 만 셰-빠 빌리트 포 탁쓰프리 쇼펜

어린이의 옷은 어디서 팝니까?

Var säljer ni barnkläder?

바르 쌜예르 니 반-클래데르

내 아이에게 줄 어린이 옷을 사고 싶습니다.

Jag vill köpa barnkläder till mina barn.

야 빌 셰빠 반-클래데르 틸 미나 반-

방한복 좀 보여주시겠습니까?

Kan ni visa mig en täckjacka?

칸 니 비-사 메이 엔 태크야까

이 치수로 다른 것을 하나 보여주시겠습니까?

Vill ni visa mig något annat i den här
storleken?

빌 니 비사 메이 노곳 아낫 이 덴 해르 스툴레껜

쇼
핑

그냥 구경 좀 하겠습니다.

Jag vill bara titta på saken.

아 빌 바라 티따 포 싸-껜

숙녀화부는 어디 있습니까?

Var ligger damskor avdelningen?

바르 리게르 담스쿠르 아브델닝엔

이 근처에 가내 수공예 상점이 있습니까?

Finns det någon hemslöjdsaffär i närheten?

핀스 데 노곤 헴슬뢰이즈아홰르 이 내르헤뗀

쇼
핑

이런 종류가 많이 있습니까?

Har ni fler av den här sorten?

하르 니 플레르 아브 덴 해르 쏘ㄹ뗀

좀 싼 것이 있습니까?

Finns det någonting billigare?

핀스 데 노곤팅 빌리가레

좀 더 큰 것/작은 것이 있습니까?

Finns det någonting större/mindre?

핀스 데 노곤팅 스터레/민드레

더 큰 것/작은 것은 없습니다.

Det finns ingenting större/mindre.

데 핀스 잉엔팅 스터레/민드레

이런 것으로 다른 색깔이 있습니까?

Finns den här i andra färger?

핀스 덴 해르 이 안드라 홰르예르

이것은 내 치수가 아닙니다.

Det här är inte min storlek.

데 해르 애 인떼 민 스툴렉

이것은 너무 큽니다/작습니다.

Den är för stor/liten.

덴 애 훠르 스투르/리-뗀

이것은 어떻습니까?

Vad tycker ni om det?

바- 튀께르 니 옴 데

이것은 내가 원하는 것이 아닙니다.

Detta är inte vad jag vill ha.

데따 애 인떼 바- 야 빌 하

이것은 너무 깁니다/짧습니다.

Den är för lång/kort.

덴 애 훠르 롱/코ㄹ트

이것은 당신에게 적당합니다.

Den är lagom till er.

덴 애 라-곰 틸 애르

입어 보고 싶습니다.

Jag skulle vilja prova den.

야 스쿨레 빌야 프루바 덴

이것은 내게 맞지 않습니다.

Den passar mig inte.

덴 파싸르 메이 인떼

좀 더 싼 것은 없습니까?

Har ni en billigare sort?

하르 니 엔 빌리가레 쏘르트

이것은 너무 비쌉니다.

Det är för dyrt.

데 애 휘르 뒤르트

쇼
핑

돈 가진게 충분하지 않습니다.

Jag har inte tillräckligt med pengar.

야 하르 인떼 틸래클릿트 메드 펭아르

이것으로 하겠습니다.

Jag vill ta den (det).

야 빌 타 덴 (데)

이것을 면세로 살 수 있습니까?

Kan jag köpa den skattefritt?

칸 아 쉐빠 덴 스카떼프릿

스 웨덴어 회화 · 96

이 양식을 작성해 주시겠습니까?

Kan ni fylla i blanketten för mig?

칸 니 휠라 이 블랑케땐 훠르 메이

이것은 선물입니다. 포장해 주시겠습니까?

Det är en present. Kan ni slå in den i omslagspapper?

데 애 엔 프레센트 칸 니 슬로 인 덴 이
옴슬락스파뻬르

계산은 어디서 합니까?

Var kan jag betala?

바르 칸 야 베탈라

전부 합해서 얼마입니까?

Hur mycket kostar det tillsammans?

휘르 뮈께 코스따르 데 틸싸만스

여행자 수표로 지불해도 되겠습니까?

Kan jag få betala med en resecheck?

칸 야 포 베탈라 메드 엔 레-세쉐크

잔돈 좀 가지고 있습니까?

Har du några småpengar?

하르 뒤 노그라 스모펭아르

이것을 싸주시겠습니까?

Kan du slå in det, tack?

칸 뒤 슬로 인 데 탁

영수증을 주시겠습니까?

Kan jag få ett kvitto, tack?

칸 야 포 엣 크빗또 탁

봉지 하나 주시겠습니까?

Kan jag få en kasse, tack?

칸 야 포 엔 카쎄 탁

이것을 바꾸고 싶습니다.

Jag skulle vilja byta den här.

야 스쿨레 빌야 뷔따 덴 해르

제가 도와드릴까요?

Kan jag hjälpa dig?

칸 야 앨빠 데이

가장 큰 명절인
성탄절 차림상

입어 보시겠습니까?

Vill du prova den?

빌 뒤 프루바 덴

이것이 우리가 가지고 있는 전부입니다.

Det här är allt vi har.

데 해르 애 알트 비 하르

미안하지만 물건이 다 나갔습니다(물건이 재고가 없습니다).

Tyvärr är det slut på lagret.

튀배르 애 데 슬류트 포 라그렛

또 다른 것 원하시는 게 있습니까?

Önskar du någonting annat?

왼스까르 뒤 노곤팅 아낫

이제 됐습니까?

Är det bra så?

애 데 브-라 쏘

다른 것은 없습니까?

Har ni inget annat?

하르 니 잉엣 아낫

더 나은 것은 없습니까?

Har ni inget bättre?

하르 니 잉엣 배뜨레

그것을 내 집으로 보내 주십시오.

Var snäll och skicka den hem till mig!

바르 스낼 오 쉬까 덴 햄 틸 메이

그것이 배달되면 대금을 지불하겠습니다.

Jag betalar när ni levererar den.

야 베탈라르 내르 니 레베레라르 덴

다시 와서 그것을 찾아 가겠습니다.

Jag kommer tillbaka och hämtar det.

야 콤메르 틸바-까 오 햄따르 데

그것을 좀 보관해 주십시요.

Var snäll och lägg undan det!

바르 스넬 오 래그 운단 데

그것을 내가 직접 가져가겠습니다.

Jag tar den med mig.

야 타르 덴 메드 메이

5시전에 가져 가겠습니다.

Jag ska hämta det före klockan fem.

야 스까 햄따 데 회레 클로깐 펨

핸드백은 어디에서 살 수 있습니까?

Var kan jag köpa handväska?

바르 칸 야 셰-빠 한드배스까

무슨 가죽입니까?

Vilket sort läder är det?

빌껫　　　쏘르트 래-데르　애　데

좀 더 싼 것을 보여 주십시요.

Visa mig något billigare!

비-사　메이　노곳　　빌리가레

좀 더 비싼 것을 보여주십시요.

Visa mig något dyrare!

비-사　메이　노-곳　　뒤- 라레

나는 이 색깔을 좋아하지 않습니다.

Jag tycker inte om den här färgen.

야　튀께르　인떼　옴　덴　해르 홰르엔

너무 어둡습니다.

Den är för mörk.

덴　애　휘르 머르크

너무 밝습니다.

Den är för ljus.

덴　애　휘르 유스

한번 만져봐도 됩니까?

Får jag röra den en gång?

휘르 야　러-라 덴　엔　공

그냥 좀 둘러 보겠습니다.

Jag ser mig bara omkring.

야 쎄르 메이 바-라 옴크링

나중에 다시 오겠습니다.

Jag kommer tillbaka senare.

야 콤메르 틸바까 쎄나레

좀 쓸만한 혁대를 보여주십시요.

Visa mig något bra skärp!

비사 메이 노곳 브라 섀르프

지갑도 있습니까?

Har du någon plånbok?

하르 뒤 노곤 플론북-

서류가방도 봤으면 합니다.

Jag vill se portfölj också.

야 빌 쎄 포르트휠리 옥소

쓸만한 여행가방이 있습니까?

Har du några bra resväskor?

하르 뒤 노그라 브라 레스배스코르

순면으로 된 블라우스를 원합니다.

Jag vill ha en ren bomull blus.

야 빌 하 엔 렌- 보물 불뤼스

순면입니까 ?

Är det ren bomull?

애 데 렌- 보물

모피 반코트를 보고자 합니다.

Jag vill se en pälsjacka.

야 빌 쎄 엔 팰스약까

이것은 어떻게 세탁합니까?

Hur ska man tvätta den här?

휘르 스까 만 트배따 덴 해르

세탁기로 빨아도 됩니까?

Får man tvätta det med tvättmaskin?

휘르 만 트배따 데 메 트뱃마-쉰

아니요, 드라이크리닝집에 맡겨야 됩니다.

Nej, man måste lämna in den på kemtvätt.

네이 만 모스떼 램나 인 덴
포 솀트뱃

혹시 세관에서 문제가 생길까요?

Kan jag få kanske problem i tullen?

칸 야 포 칸쉐 프로블렘 이 툴렌

출국시에는 별 문제가 없지만 당신네 나라 입국
시에는 세관에 신고를 해야될 것입니다.

När ni åker ut är det inget problem,
men när ni kommer in i ert land
bör ni anmäla den till tullen.

내르 니 오께르 윗 애 데 잉엣 프로블렘
멘 내르 니 콤메르 인 이 애 르트 란드
버르 니 안맬라 덴 틸 툴렌

전부 합해서 얼마입니까?

Hur mycket kostar det tillsammans?

휘-르 뮈께 코스타르 데 틸싸만스

자, 여기 영수증 입니다.

Varsågod, det här är kvitto!

바슈굿- 데 해르 애 크빗또

11. 식품, 과일가게

가까운 곳에 건강 식품점이 있습니까?

Var ligger närmaste hälsokostaffär?

_{바르 리게르 내르마스테 핼소코스트아패르}

여기에 한국 식품점이 있습니까?

Finns det här någon koreansk
livsmedelsaffär?

_{핀스 데 해르 노곤 코리안스크 리브스메델스아훼르}

채소시장에 가보고 싶습니다.

Jag skulle vilja gå till
grönsaksmarknad.

_{야 스쿨레 빌야 고 틸 그뢴싹스마르크나드}

수산시장도 가보고 싶습니다.

Jag skulle vilja också gå till
fiskmarknad.

_{야 스쿨레 빌야 옥소 고 틸 피스크마르크나드}

훈제 연어 맛이 일품입니다.

Rökt lax smakar utmärkt.

뢰크트　락스　스마까르　윗트매르크트.

돼지고기 조금만 주십시오.

Jag skulle vilja ha lite fläskkött.

야　스쿨레　빌야　하　리떼　플래스크섯

나는 송아지 구이를 좋아합니다.

Jag tycker om kalvstek.

야　튁게르　옴　칼브스테크

사과 좀 주세요.

Några äpplen, tack.

노그라　애플렌　탁

네, 어떤 종류를 원하십니까?

Ja, vilken sort får det vara?

야　빌껜　쏘ㄹ트　훠르　데　바 - 라

저쪽에 있는 초록색이오.

De gröna där borta.

돔　그뢰나　대르　보ㄹ따

그리고 오렌지 두개하구요.

Och två apelsiner.

오　트보　아펠시네르

네, 다른 것 더 원하시는 것 없습니까?

Jaha, önskas det något annat?

야하, 왼스까스 데 노곳 아낫

네 좋습니다. 그것이 다 입니다.

Nej tack, det var allt.

네이 탁 데 바르 알트

✈ 스톡홀름 전경

12. 교통

■ 교통 ✈ 비행기

스톡홀름에서 오슬로로 가는 비행기가 있습니까?

Går det ett plan från Stockholm till Oslo?

고르 데 엣 플란 프론 스톡홀름 틸 오슬로

런던행 비행기는 몇시 출발입니까?

Hur dags går planet till London?

휘르 닥스 고르 플란넷 틸 론돈

파리에는 언제 도착합니까?

När kommer vi fram till Paris?

내르 콤메르 비 프람 틸 파리스

직행입니까?

Kan jag fara direkt?

칸 야 화-라 디렉트

예떼보리까지 편도가 얼마입니까?

Vad kostar en enkelbiljett till Göteborg?

바 코스따르 엔 엥껠빌예트 틸 예떼보리

키루나까지 왕복이 얼마입니까?

Vad kostar en tur och returbiljett till Kiruna?

바 코스따르 엔 튀르 오 레튀르빌예트 틸 키루나

말뫼행 비행기 좌석을 하나 예약하겠습니다.

Jag vill reservera en plats på planet till Malmö.

야 빌 레쌔르베라 엔 플랏쓰 포 플란넷 틸 말뫼

예약좌석을 취소해야 겠습니다.

Jag måste avbeställa min reserverade plats.

야 모스떼 아브베스댈라 민 레쌔르베라데 플랏쓰

비행기를 처음 타보는 것입니다.

Det är första gången jag flyger.

데 애 훠슈타 공엔 야 플뤼게르

이 좌석 번호는 어디입니까?

Var är den här sittplatsen?

바르 애 덴 해르 씻트플랏쎈

여기 앉아도 됩니까?

Får jag sitta här?

포르 야 씻따 해르

자리를 바꿀 수 있을까요?

Kan jag få byta min plats?

칸 야 포 뷔-따 민 플랏쓰

나는 비행기 멀미를 합니다.

Jag är luftsjuk.

야 애 루프트슉-

몸이 안 좋습니다.

Jag mår inte så bra.

야 모르 인떼 쏘 브라

약 좀 주시겠습니까?

Kan ni ge mig någon medicin?

칸 니 예 메이 노곤 메디신

영자 신문이 있습니까?

Har ni en engelsk tidning?

하르 니 엔 엥엘스크 티드닝

지금 어디 근방을 날고 있는 중입니까?

Var flyger vi över någonstans nu?

바르 플뤼게르 비 외베르 노곤스탄스   뉘

기내에서 면세품을 살 수 있습니까?

Kan man köpa taxfree vara på det här planet?

칸   만   쉐-빠   탁스프리   바-라 포 데 해르 플라넷

이 서식을 적는 방법을 가르쳐 주시겠습니까?

Kan ni säga mig hur jag fyller i den här blanketten?

칸   니 쌔이야   메이   휘르 야 휠레르 이 덴 해르 블랑케뗀

여기는 금연석입니까?

Är rökning förbjuden här?.

애   뢰크닝   휘르뷰덴   해르.

창가쪽 자리를 원합니다.

Jag vill ha en plats vid fönstret.

야   빌   하 엔 플랏쓰 비드 휜스트렛

짐을 어디서 찾습니까?

Var kan jag hämta mitt bagage?

바르 칸   야   햄따   미트   바가슈

내 가방을 찾지 못하겠습니다.

Jag kan inte hitta min resväska.

야 칸 인떼 힛따 민 레스배스까

나는 스칸디나비아 항공사 편으로 도착했습니다.

Jag har anlänt med ett SAS-plan.

야 하르 안랜트 메드 엣 싸스 플란

교통

스웨덴
외무성

■ 교통 ✈ 버스, 택시

스칸센 행 버스 정류장은 어디입니까?

Var stannar bussen till Skansen?

바르 스따나르 부쎈 틸 스칸센

버스 정류장은 어디입니까?

Var är busshållplats?

바르 애 부스홀플랏쓰

이 버스는 중앙역으로 갑니까?

Går bussen till Centralstationen?

고-르 부쎈 틸 센트랄스타슈넨

나는 다음 정류장에서 내립니다.

Jag går av vid nästa hållplats.

야 고-르 아브 비드 내스타 홀플랏쓰

대학역까지 요금은 얼마입니까?

Hur mycket kostar det till universitetet?

휘르 뮈께 코스따르 데 틸 우니배르시텟텟

여기서 내려 주십시요.

Låt mig stiga av här.

로뜨 메이 스티가 아브 해르

왕립도서관은 어떻게 가야 됩니까?

Hur kommer jag till Kungliga biblioteket?

휘르 콤메르 야 틸 쿵을리가 비블리오테켓

여기서 아주 멉니까?

Är det mycket långt härifrån?

애 데 뮈께 롱트 해리프론

바사 박물관에 가려고 합니다.

Jag vill åka till Vasa(Wasa)museet.

야 빌 오-까 틸 바-사 뮤세엣

(이 버스는) 스트란드배겐을 따라서 갑니까?

Kör ni längs Strandvägen?

서-르 니 랭스 스트란드배겐

20장 짜리 회수권을 주십시오.

Kan jag få ett häfte med tjugo kuponger.

칸 아 포 엣 해프테 메드 슈고 큐퐁에르

시내로 되돌아가려면 어떻게 가야 됩니까?

Hur ska man åka tillbaka till centrum?

휘르 스까 만 오-까 틸바까 틸 쎈트룸

지하철을 타는 게 좋습니다.

Det är nog bäst att ta tunnelbanan.

데 애 누그 배스트 앗 타-툰넬바-난

여기서 가장 가까운 지하철 역은 어딥니까?

Var är den närmaste tunnelbanestationen?

바르 애 덴 내르마스테 툰넬바네스타슈넨

화슈타역까지 표 한장 주십시요.

Kan jag få en biljett till Farsta?

칸 야 포 엔 빌에트 틸 화슈타

룹스텐으로 가는 기차는 몇번 플래트홈인가요?

Från vilket spår går tåget till Ropsten?

프론 빌껫 스포르 고르 토겟 틸 룹스텐

입구가 어디 입니까?

Var ligger ingången?

바르 리게르 인공엔

출구가 어디 있습니까?

Var finns utgånen?

바르 핀스 위뜨공엔

스웨덴에서는 택시를 어떻게 타나요?

Hur ska man ta en taxi i Sverige?

휘르 스까 만 타 엔 탁시 이 스배리에

택시 정류소에서 전화를 걸어 불러야 합니다.

Man måst ringa efter en taxi från en taxistation.

만 모스떼 링아 에프터 엔 탁시 프론 엔 탁시스타숀

여보세요, 택시 한대를 중앙역으로 보내주시겠
습니까?

Hallå, kan ni skicka en taxi till
Centralstationen?

할로- 칸 니 쉬까 엔 탁시 틸 센트랄스타슈넨

"오페라" 극장까지 가 주세요.

Till Operan tack!

틸 우페란 탁

(메모지를 보이며) 이 주소로 가주세요.

Till den här adressen tack!

틸 덴 해르 아드레센 탁

가믈라 스탄까지 요금이 얼마 정도 되겠습니까?

Hur mycket kostar det till Gamla stan?

휘르 위께 코스따르 데 틸 가믈라 스탄

가믈라 스탄을 한바퀴 돌았으면 합니다.

Jag skulle vilja ha en rundtur i
Gamla stan.

야 스쿨레 빌야 하 엔 룬드튜르 이 가믈라 스
탄

여기서 세워 주십시요.

Stanna här tack!

스타나 해르 탁

교
통

여기서 잠깐만 기다려 주시겠습니까?

Kan ni vänta här ett ögonblick?

칸 니 밴따 해르 엣 외곤블릭

요금을 얼마나 내야 됩니까?

Hur mycket får jag betala?

휘르 위께 포르 야 베탈라

거스름돈은 그냥 받아 두세요.

Ta resten, tack!

타 레스뗀 탁

교
통

■ 교통 ✈ 기차

열차 시간표 하나 주시겠습니까?

Kan jag få en tidtabell?

칸 야 포 엔 티드타벨

이 시간표를 어떻게 보는지 가르쳐주시겠습니까?

Kan ni visa mig hur man använder den här tidtabelln?

칸 니 비-사 메이 휘르 만 안밴데르

덴 해르 티드타벨른

이것은 무슨 뜻입니까?

Vad betyder detta?

바드 베튀데르 데따

이 기차는 토요일에만 운행한다는 뜻입니다.

Det betyder att tåget går endast på lördagar.

데 베튀데르 앗 토-겟 고르 엔다스트 포

러르다가르

이 기차는 주중에만 운행한다는 뜻입니다.

Det betyder att tåget går endast på vardagar.

데 베튀데르 앗 토겟 고르 엔다스트 포 바르다가르

교통

매표소는 어디입니까?

Var är biljettkontoret?

바르　애　빌예트콘투렛

오슬로행 기차는 언제 출발합니까?

När avgår tåget till Oslo?

내르　아브고르　토-겟　틸　오슬로

웁살라에서 오는 기차는 언제 도착합니까?

När ankommer tåget från Uppsala?

내르　안콤메르　토-겟　프론　웁살라

말뫼로 가는 다음 기차는 언제 있습니까?

När avgår nästa tåg till Malmö?

내르　아브고르　내스타　토-그　틸　말뫼

급행열차 입니까?

Är det ett expresståg?

애　데　엣　엑스프레스토그

추가 요금을 더 내야 합니까?

Behövs det tilläggsbiljett?

베회브스　데　틸랙스빌예트

이 표로 급행열차를 탈 수 있습니까?

Gäller denna biljett till ett expresståg?

앨레르　데나　빌예트　틸　엣　엑스프레스토그

스톡홀름에서 함브루크까지 가는 직행 열차가
있습니까?

Finns det ett direkt tåg från
Stockholm till Hamburg?

핀스   데   엣   디렉트   토-그   프론
스톡홀름   틸   함부르이

코펜하겐을 경유해 가는 급행열차가 있습니다.

Det finns ett snälltåg som går dit via
Köpenhamn.

데   핀스   엣   스낼토그   쏨   고르   딧 비아
세펜함

이 기차에 1등칸이 있습니까?

Finns det första klass på tåget?

핀스   데   훠슈타   클라스   포   토-겟

기차에 침대칸이 있습니까?

Finns det en sovvagn på tåget?

핀스   데   엔   쏘브방느   포   토-겟

침대석 하나 예약하겠습니다.

Jag vill reservera en sovplats.

아   빌   레새르베라   엔   쏘브플랏쓰

기차에 식당칸도 물론 있겠지요?

Finns det givetvis en restaurangvagn på tåget?

핀스 데 이이벳비스 엔 레스토랑방느 포 토겟

식사 메뉴는 여러가지가 있습니까?

Finns det många olika maträtter?

핀스 데 몽아 울리까 마트래때르

흡연칸을 원하십니까, 금연칸을 원하십니까?

Vill ni ha en rökkupe eller en icke rökkuppe?

빌 니 하 엔 뢱-쿠페 엘레르 엔 익께 뢱-쿠페

저는 금연칸을 원합니다.

Jag vill gärna ha en icke rökkupe.

야 빌 얘나 하 엔 익께 뢱-쿠페

남은 좌석이 있습니까?

Finns det några platser kvar?

핀스 데 노그라 플랏쎄르 크바르

기차의 앞쪽으로 자리를 원합니다.

Jag vill ha en plats framme i tåget.

야 빌 하 엔 플랏쓰 프람메 이 토-겟

교
통

기차의 중간쪽으로 자리를 원합니다.

Jag vill ha en plats mitt i tåget.

야 빌 하 엔 플랏쓰 밋 이 토-겟

기차가 연착입니까?

Är tåget försenat?

애 토-겟 휘르쎄나트

기차가 10분 연착했습니다.

Tåget är försenat i tio minuter.

토-겟 애 휘세나트 이 티오 미뉴테르

창문을 열어도 됩니까?

Får jag öppna fönstret?

포르 야 외프나 휜스트렛

창문을 닫아도 됩니까?

Får jag stänga fönstret?

포르 야 스탱아 휜스트렛

말뫼에는 언제 도착합니까?

När kommer vi till Malmö?

내르 콤메르 비 틸 말뫼

기차는 어느 플랫홈에서 출발합니까?

Från vilken plattform går tåget?

프론 빌껜 플라트휘름 고르 토-겟

2번 플랫홈은 어디로 가지요?

Hur kommer man till plattform
nummer två?

휘르   콤메르   만   틸   플라트포름   누메르   트보

(우리는) 칼마르에 정차합니까?

Stannar vi i Kalmar?

스따나르   비 이 칼마르

기차표를 보여주시겠습니까?

Får jag se biljetterna, tack!

포르 야   쎄- 빌리예테나   탁

추가요금을 내십시요.

Ni måste betala tilläggsavgift.

니   모스떼   베탈라   틸랙스아브이프트

이 자리는 비어있습니까?

Är den här platsen ledig?

애   덴   해르   플랏쎈   레디그

교
통

이 자리는 임자가 있습니다.

Den platsen är upptagen.

덴   플랏쎈   애   웁타겐

누군가 내 좌석에 앉아있습니다.

Någon sitter på min plats.

노곤   싯떼르   포   민   플라츠

여기 내 승차권이 있는데요.

Det här är min biljett.

데 해르 애 민 빌예트

미안합니다. 좀 지나가겠습니다.

Förlåt. Får jag komma förbi?

훠르롯 포르 아 콤마 훠르비

귀찮게 해 미안합니다.

Förlåt att jag stör er.

훨롯 앗 야 스터르 애르

이 짐들이 방해가 됩니까?

Står de här sakerna i vägen för dig?

스토르 돔 해르 싸께나 이 배-겐 훠르 데이

그대로 놔두어도 좋습니다.

Det gör inget, om de står kvar.

데 어르 잉엣 옴 돔 스토르 크바르

햇빛이 너무 강합니다.

Solen besvärar mig.

쏠-렌 베스배라르 메이

커텐을 좀 내려 주시겠습니까?

Var snäll och drag ned gardinen?

바르 스낼 오 드라그 네드 가ㄹ디넨

창문을 닫아 주시겠습니까?

Skulle ni vilja stänga fönstret?

스쿨레 니 빌야 스탱아 휜스트렛

창문이 닫히지 않습니다.

Fönstret går inte att stänga.

휜스트렛 고르 인떼 앗 스탱아

창문이 열리지 않습니다.

Fönstret går inte att öppna.

휜스트렛 고르 인떼 앗 외프나

출입문이 꼼짝도 하지 않습니다.

Dörren har fastnat.

더렌 하르 화스낫

바람이 들어옵니까?

Drar det?

드라르 데

담배를 피워도 됩니까?

Får jag röka?

훠르 야 뢰-까

성냥불을 좀 빌려 주시겠습니까?

Skulle ni kunna ge mig en tändsticka?

스쿨레 니 쿠나 예 메이 엔 탠드스틱까

신문 좀 빌려주시겠습니까?

Får jag låna er tidning?

포르 아　로-나　애르 티드닝

신문 보시겠습니까?

Vill ni titta på tidningen?

빌　니　팃따　포　티드닝겐

차장은 어디에 있습니까?

Var är konduktörn?

바르　애　콘둑턴-

말뫼까지 얼마나 남았습니까?

Hur långt är det kvar till Malmö?

휘르　롱트　애　데　크바르　틸　말뫼

교통

많이 연착되었습니까?

Är vi mycket försenade?

애　비　뮈께　휘세나데

언제 도착합니까?

När är vi framme?

내르　애　비　프람메

거의 다 왔습니다.

Vi är nästan framme.

비　애　내스딴　프람메

여기가 무슨 역입니까?

Vad är det här för station?

바 애 데 해르 휘르 스타횬

여기서 얼마간 정차합니까?

Hur länge står tåget här?

휘르 랭에 스토르 토-겟 해르

여기서 내려도 됩니까?

Kan jag gå av här?

칸 야 고- 아브 해르

열차표를 분실했는데 어떻게 하면 좋습니까?

Jag har förlorat min biljett. Vad ska jag göra nu?

아 하르 휠로라트 민 빌에트 바 스까 야 여라 뉘

스웨덴 북부 위메오로 가는 직행열차가 있습니까?

Finns det ett direkt tåg till Umeå i norra Sverige?

핀스 데 엣 디렉트 토-그 틸 위메오 이 노라 스배리예

열차는 대학도시 웁살라에 정차합니까?

Stannar tåget vid universitetsstaden Uppsala?

스따나르 토-겟 비드 우니배쉬텟스타덴 웁살라

기차는 쑨스발을 경유해 갑니까?

Passerar tåget genom Sundsvall?

파쎄라르　　토-겟　　예놈　　　쑨스발

기차를 갈아 타야 됩니까?

Behöver jag byta tåg?

뵈회베르　　야　　뷔따　　토-그

어디서 갈아 타야 합니까?

Var ska jag byta?

바르　스까　야　뷔-따

같은 역에서요?

Från samma station?

프론　　싸마　　　스타횬

연결은 잘 됩니까?

Finns det en bra förbindelse?

핀스　데　엔　브라　휘르빈델세

얼마나 오래 기다려야 합니까?

Hur länge behöver jag vänta?

휘르　랭에　뵈회베르　야　밴따

키루나 행 열차가 들어왔습니까?

Är tåget till Kiruna inne?

애　토-겟　틸　키루나　인네

어디서 이 짐을 철도 소화물로 부칩니까?

Var kan jag polletera bagaget?

바르 칸 야 폴레테라 바가셋

내 짐을 보험에 들고자 합니다.

Jag vill försäkra mitt bagage.

아 빌 휘새크라 밋 바가슈

북구 박물관과 바사전함 전시관

차를 한대 빌리려고 합니다.

Jag skulle vilja ha en hyrbil.

야 스쿨레 빌야 하 엔 휘르빌

자동식 기어와 수동식 기어 중 어느 것을 원하십니까?

Vill du ha en automatväxlad bil eller en bil med manuell växling?

빌 뒤 하 엔 아우토맛백슬라드 빌- 엘레르

엔 빌 메드 마뉴엘 백슬링

요금표를 보여주십시오.

Kan ni visa mig prislistan?

칸 니 비-사 메이 프리스리스딴

선불해야 됩니까?

Behöver jag betala i förskott?

뵈회베르 야 베탈라 이 회슈콧

이러한 차종으로 24시간 렌트하고 싶습니다.

Jag vill hyra en bil av den här i 24 timmar.

야 빌 휘-라 엔 빌 아브 덴 해르 이 슈고휘라 팀마르

운전면허증을 보여주시겠습니까?

Får jag se körkortet?

휘르 야 쎄- 셔르쿠ㄹ뗏

여기 내 운전면허증이 있습니다.

Här mitt körkort.

해르 애밋 서르쿠ㄹ트

이것은 국제 운전면허증입니다.

Det är mitt internationella körkort.

데 애 밋 인테르나쇼넬라 서르쿠ㄹ트

늦어도 내일 6시까지 차를 반납해야 합니다.

Ni måste lämna tillbaka bilen senast
klockan sex i morgon.

니 모스떼 램나 틸바까 빌-렌 쎄니스트

클로깐 쎄스 이 모론

사고가 났을 때 연락을 취할 주소를 주시겠어요 ?

Kan ni ge mig en adress där jag kan
vända mig, om det händer en olycka?

칸 니 예 메이 엔 아드레스 대르 야 칸

밴다 메이 옴 데 핸데르 엔 울뤼까

차가 고장 났습니다.

Bilen fungerar inte.

빌-렌 훙게라르 인떼

사람을 보내서 차를 가져오게 해 주십시오.

Var snäll och skicka någon för att
hämta den!

바르 스낼 오 쉬까 노곤 훠르 앗 햄따 덴

내일 아침에 쉐라톤 호텔로 차를 보내주시겠습니까?

Kan ni skicka en bil till Sheraton Hotell i morgon bitti?

칸 니 쉭까 엔 빌- 틸 쉐라톤 호텔 이 모론 비띠

■ **교통 ✈ 배**

오보행 승선권을 한장 예약할 수 있습니까?

Kan jag få beställa en biljett till Åbo?

칸 야 포 베스탤라 엔 빌예트 틸 오-보

몇 시에 출항합니까?

Hur dags går båten?

휘르 닥스 고르 보-뗀

갑판 좌석을 원합니다.

Jag vill ha en däckstol.

야 빌 하 엔 대크스툴-

제 선실로 안내해 주시겠습니까?

Vill ni visa mig min hytt?

빌 니 비-사 메이 민 휘트

침대 자리를 좀 바꿀 수 있습니까?

Kan jag få byta koj?

칸 야 포 뷔-따 코이

바는 어디에 있습니까?

Var är baren?

바르 애 바-렌

배멀미가 납니다.

Jag är sjösjuk.

야 애 쉐-슈크

배멀미 약을 주십시오.

Ge mig sjösjukemedel!

예 메이 쉐-슈케메델

배는 오보에 언제 닿습니까?

När kommer båten till Åbo?

내르 콤메르 보-뗀 틸 오-보

상륙허가서가 있어야 합니까?

Måste jag ha ett landningskort?

모스떼 야 하 엣 란드닝스쿠르트

우리는 여권을 지참해야 합니까?

Behöver vi ta med oss vårt pass?

베회베르 비 타- 메드 오스 보르트 파쓰

배 안에서 여권검사가 있습니까?

Är det passkontroll ombord?

애 데 파쓰콘트롤 옴부ㄹ드

13. 전화통화

여보세요.

Hallå!

할로

누구십니까?

Vem talar jag med?

벰   탈라르 아 메드

한국에서 온 김이라는 사람입니다.

Detta är Kim från Korea.

데따   애 김 프론 코레아

요한손씨 부인 좀 부탁합니다.

Kan jag få tala med fru Johansson?

칸   야 포 탈라 메드   프류 요한손

잠깐만 기다리십시오.

Ett ögonblick!

에트 외곤블릭

(그녀는) 전화를 받고 있는 중입니다.

Hon sitter i telefon.

훈   씻떼르   이   텔레폰

여보세요. 제가 요한손씨 부인입니다.

Hallå, det är fru Johansson.

할로,   데   애   프류   요한손

제 이름은 김철수인데요, 스웨덴어를 잘 못합니다.

Mitt namn är Kim Cheol-Su. Jag kan
inte tala svenska så bra.

밋트   남   애 김철수 야 칸 인떼 탈라 스벤스까 쏘 브라

영어로 말해도 되겠습니까?

Får jag tala på engelska?

포르 야   탈라   포   엥엘스까

좀 더 천천히 말해주시겠습니까?

Kan ni tala lite långsammare?

칸   니   탈라   리떼   롱싸마레

전화가 왔습니다.

Det är telefon till dig.

데   애   텔레폰   틸   데이

당신이 하는 말이 잘 안들립니다.

Jag kan inte höra vad ni säger.

야   칸   인떼   허라   바드 니 쎄이예르

다시 한번 말씀해주십시오.

Var snäll och säg det en gång till!

바르 스낼 오 쎄이 데 엔 공 틸

(저하고 통화하시는 분이) 누구시죠?

Vem är det som jag talar med?

뱀 애 데 쏨 야 탈라르 메드

누구하고 통화하길 원하십니까?

Vem vill du tala med?

뱀 빌 뒤 탈라 메드

성함(이름)이 어떻게 되십니까?

Hur var namnet?

휘르 바르 남넷

미안하지만, 그는 집에 없습니다.

Tyvärr är han inte hemma.

튀배르 애 한 인떼 헴마

그가 어디 있는지 아십니까?

Vet du var han är?

베옛 뒤 바르 한 애르

그는 언제 돌아 옵니까?

När är han tillbaka?

내르 애 한 틸바-까

그는 다섯시에 돌아옵니다.

Han kommer tillbaka klockan fem.

한　콤메르　　틸바-까　　클로깐　　뻼

그에게 메세지를 전해주시면 좋겠습니다.

Var snäll och ge honom ett meddelande!

바르 스넬　오　예 호놈　　엣 메델란데

그에게 전화 좀 해달라고 전해주시겠어요.

Vill du be honom ringa mig ?

빌　뒤　베-　호놈　　링아　　메이

✎ 스톡홀름 국제공항(알란다)

제가 전화했다고 그녀에게 전해 주시겠습니까?

Kan ni säga henne att jag har ringt?

칸 니 쌔이아 핸네 앗 아 하르 링트

내일 다시 걸어보십시오.

Ring på nytt i morgon!

링 포 뉴트 이 모론

구내 205번을 연결해주시겠습니까?

Kan jag få anknytning 205?

칸 야 포 안크뉘트닝 트보훈드라펨

번호를 잘못 대주셨습니다.

Ni har kopplat till fel nummer.

니 하르 코플라트 틸 펠 놈메르

미안하지만, 제가 잘못 걸었습니다.

Ursäkta, jag har slagit fel nummer.

우쌔따 야 하르 슬라깃 휄 누메르

미안하지만, 모든 선이 다 통화 중 입니다.

Tyvärr är alla linjer upptagna.

튀배르 애 알라 리네르 웁타그나

잠시 후 다시 한번 걸어보십시오.

Försök på nytt en stund senare.

휘세크 포 뉴트 엔 스툰드 쎄나레

나중에 다시 걸겠습니다.

Jag ringer igen senare.

야 링에르 이옌 쎄나레

한국에 전화 하려고 합니다.

Jag skulle vilja ringa till Korea.

야 스쿨레 빌야 링아 틸 코레아

통화요금은 제가 지불하겠습니다.

Jag ska betala samtalsavgiften.

야 스까 베탈라 쌈탈스아브이프텐

통화요금은 상대방이 지불하는 것으로 하면 좋겠
습니다.

Jag vill att mottagaren ska betala
samtalsavgiften.

야 빌 앗 무타가렌 스까 베탈라

쌈탈스아브이프텐

전화를 끊고 기다리십시오.

Lägg på luren och vänta ett tag.

래그 포 류렌 오 밴따 엣 타그

얼마나 기다려야 합니까?

Hur länge ska jag vänta?

휘르 랭에 스까 야 밴따

잠시만 기다리시면 됩니다.

Det går bra att vänta bara en stund.

데 고르 브라 앗 밴따 바라 엔 스툰드

14. 카센타 · 주유소

제일 가까운 주유소가 어디 있습니까 ?

Var ligger den nämaste bensinstationen?

바르 리게르 덴 내르마스테 벤신스타슈넨

휘발유를 넣어 주십시오.

Jag vill ha bensin.

야 빌 하 벤신

10리터만 주십시오.

Ge mig bara tio liter.

예 메이 바라 티에 리떼르

가득 채워 주세요.

Full tank, tack.

훌 탕크 탁

됐습니다. 고맙습니다.

Det räcker, tack.

데 랙께르 탁

바퀴가 좀 납작해졌습니다.

Ringarna är lite platta.

링아나　　　애　리떼　플라따

타이어 좀 봐주십시오.

Var snäll och kolla däcken.

바르　스넬　오　콜라　댁껜

타이어에 바람을 넣어야겠습니다.

Jag behöver luft i ringarna.

야　뵈회베르　루프트 이 링아나

고장수리도 하십니까 ?

Gör ni reparationer?

여르　니　레파라슈네르

이것이 제대로 작동하지 않습니다.

Detta fungerar inte ordentligt.

데따　훙게라르　인데　오르덴틀리트

어디가 고장인지 모르겠습니다.

Jag vet inte vad som är fel.

야　베엣 인떼　바　쏨　애　휄-

바로 여기가 고장입니다.

Felet är här.

휄-렛　애　해르

엔진 시동이 걸리질 않습니다.

Motorn vill inte starta.

모토른 빌 인떼 스따ㄹ따

엔진에 문제가 있습니다.

Det är något fel på motorn.

데 애 노곳 휄 포 모토른

엔진이 과열되었습니다.

Motorn överhettas.

모토른 외버르헤따스

클러치를 수리해 주시겠습니까?

Kan ni laga kopplingen?

칸 니 라-가 코플링엔

조명등이 켜지지 않습니다.

Ljuset fungerar inte.

유-셋 훙게라르 인떼

반조등/전조등이 켜지지 않습니다.

Halvljus/helljus fungerar inte.

할브유-스/헬유-스 훙게라르 인떼

새 타이어가 필요합니다.

Jag behöver ett nytt däck.

야 베회베르 엣 닛 댁크

이 차를 점검해 주십시오.

Jag vill ha en översyn av bilen.

야 빌 하 엔 외베르쉰 아브 빌-렌

차를 여기에 맡겨두어도 됩니까?

Kan jag lämna bilen här?

칸 야 램나 빌-렌 해르

어디다 주차할까요?

Var kan jag parkera?

바르 칸 야 파르케라

여기다 주차해도 괜찮습니까?

Kan jag parkera här?

칸 야 파르케라 해르

배야의 관광도시 아비스코 (Abisko)

# 15. 자동차 사고

사고가 났습니다.

Det har hänt en olycka.

데 하르 핸트 엔 울뤼까

도와주십시오.

Hjälp !

얠프

차가 미끄러졌습니다.

Bilen slirade.

빌-렌 슬리라데

제 차를 밧줄로 끌어 주시겠습니까?

Kan ni bogsera min bil?

칸 니 보그세라 민 빌-

여기서 가장 가까운 정비소가 어디 있습니까?

Var ligger närmaste verkstad?

바르 리게르 내르마스테 배르크스타드

저는 외국인입니다.

Jag är utlänning.

야 애 윗트랜닝

아직 여기 운전에 익숙치 못합니다.

Jag är inte van att köra här ännu.

야 애 인떼 반- 앗 서-라 해르 앤뉘

그가 커브길에서 나를 추월했습니다.

Han körde om mig i kurvan.

한 서르데 옴 메이 이 쿠르반

그는 차를 너무 빨리 몰았습니다.

Han körde för fort.

한 서르데 훠르 후르트

내 잘못이 아니었습니다.

Det var inte mitt fel.

데 바르 인떼 밋트 휄

나는 그를 보지 못했습니다.

Jag såg honom inte.

야 쏘그 호놈 인떼

경찰을 불러주십시오.

Hämta en polis!

햄따 엔 폴리스

여기에 상처를 입었습니다.

Jag är skadad här.

야 애 스카다드 해르

가장 가까운 구급소가 어디 있습니까?

Var är närmaste hjälpstation?

바르 애 내르마스떼 옐프스타횬

의사를 불러주십시오.

Hämta en doktor!

햄따 엔 독토르

빨리요.

Fort!

후ㄹ트

상처가 큰가요?

Är ni svårt skadad?

애 니 스보ㄹ트 스까다드

그렇게 심한 것 같지는 않습니다.

Jag tror inte det är allvarligt.

야 트루르 인떼 데 애 알발리트

아니오, 괜찮습니다.

Nej, det gör inget.

네이 데 여르 잉엣

면허증이 있습니까?

Har ni körkort?

하르 니 셔르쿠ㄹ트

어느 나라에서 면허증을 취득했습니까?

I vilket land har du tagit ditt körkort?

이 빌켓 란드 하르 뒤 타깃 딧 셔르쿠ㄹ트.

한국에서 취득했습니다.

Jag har tagit det i Korea.

야 하르 타깃 데 이 코레아

자 동 차 사 고

오수 속에 잠긴 하늘과 산악 (북부 노를란드)

# 16. 우체국

중앙 우체국이 어디 있습니까?

Var ligger huvudpostkontoret?

바르 리게르   휘뷰드포스트콘투렛

우체국은 몇 시에 엽니까/닫습니까?

Hur dags öppnar/stänger posten?

휘르   닥스   외프나르/   스탱에르   포스텐

우체통이 어디 있습니까?

Var ligger brevlådan?

바르 리게르   브레브로단

우표 좀 주십시오.

Kan jag få några frimärken!

칸   아   포 노그라   프리매르껜

이 편지 좀 부쳐 주시겠습니까?

Skulle ni vilja posta det här brevet för mig?

스쿨레   니 빌야 포스따 데 해르 브레벳   휘르 메이 이 편지를 항공편으로 부치고 싶습니다.

Jag vill skicka detta brev som flypost.

야 빌 쉬까 데따 브레브 쏨 플뤼그포스트

이 편지/소포를 등기로 보내 주십시오.

Jag vill rekommendera det här brevet/
paketet.

야 빌 레코멘데라 데 해르 브레벳/파케에텟

이 편지의 우편 요금이 얼마입니까?

Vad är portot på det här brevet?

바 애 포르톳 포 데 해르 브레벳

우체국

이 우편물은 한국까지 얼마나 걸립니까?

Hur lång tid tar posten till Korea?

휘르 롱 티-드 타르 포스텐 틸 코레아

소포를 보내려면 어느 창구로 가야 합니까?

Vilken lucka ska jag gå till när jag vill
skicka ett paket?

빌껜 룩까 스까 야 고- 틸 내르 야 빌
쉬까 엣 파케엣

이 소포는 부서지기 쉽습니다.

Det här paketet är ömtåligt.

데 해르 파케에텟 애 욈톨리트

이 소포 속에는 관세 대상물이 없습니다.

Det är inget tullpliktigt i paketet.

데 애 잉엣 툴플릭티트 이 파케에텟

여기서 여행자 수표를 바꿀 수 있습니까?

Kan jag få lösa in de här resecheckarna här?

칸 야 포 뢰-사 인 돔 해르 레세쉐 까르나 해르

신분증이 있습니까?

Har ni legitimation?

하르 니 레기티마숀

대신 여기에 여권이 있습니다.

Här finns mitt pass i stället.

해르 핀스 밋 파스 이 스탤렛

북부의 유목민 싸메족과 사슴떼

17. 캠핑·해변가

제일 가까운 야영장이 어디에 있습니까?

Var finns närmaste campingplats?

바르 핀스 내르마스테 캄핑플랏쓰

현대식 편의 시설이 갖추어져 있습니까?

Finns det moderna bekvämligheter?

핀스 데 모대르나 베크뱀리그헤테르

천막을 어디서 빌릴 수 있습니까?

Var kan jag hyra ett tält?

바르 칸 야 휘라 엣 탤트

여기서 불을 지펴도 됩니까?

Får vi tända en eld här?

포르 비 탠다 엔 엘드 해르

여기 식수가 있습니까?

Finns här dricksvatten?

핀스 해르 드릭스바뗀

물은 어디서 갖다 씁니까?

Var kan jag få tag på vatten?

바르 칸 아 포 타그 포 바뗀

야영금지

Camping förbjuden.

캄핑　휘르뷰덴

야영용 자동차를 저기에 주차해도 됩니까?

Kan jag parkera mitt husvagn där?

칸　아　파르케라　밋　휘스방느　대르

파라솔 하나 빌리고 싶습니다.

Jag vill hyra ett parasoll.

아　빌　휘라　엣　파라솔

해변에 자갈이 많습니까?

Är stranden stenig?

애　스트란덴　스테니그

모래 해변입니까?

Är det sandstrand?

애　데　싼드스트란드

그곳은 수영하기에 안전합니까?

Är det säkert att simma där?

애　데　쌔께르트　앗　심마　대르

해수욕장에 안전요원이 있습니까?

Finns det badvakt?

핀스　　데　　바 - 드박트

파도가 험할 때도 있나요?

Finns det några farliga strömmar?

핀스　　데　　노그라　　활리가　　스트룀마르

해변가에서 입장료를 받습니까?

Måste man betala för att komma ner
till stranden?

모스떼　만　베탈라　휘르 앗 콤마 내르 틸 스트란덴

어디서 옷을 갈아입습니까?

Var kan jag byta om?

바르 칸　야　뷔 - 따　옴

캠핑 · 해변가

우리는 카누 하나를 빌리고 싶습니다.

Vi skulle vilja hyra en kanot.

비 스쿨레　빌아　휘라　엔　카누 - 트

오늘은 해수욕을 금지합니다.

Det är förbjudet att bada i dag.

데　애　휘르뷰뎃　　앗　바 - 다　이 다그

18. 영화 · 오락

시내 영화관에 좋은 영화가 있습니까?

Går det några bra filmer i stan?

고르 데 노그라 브라 필메르 이 스탄

볼만한 연극이 좀 있나요?

Går det några bra pjäser?

고르 데 노그라 브라 피예세르

'그란드' 영화관이 어디 있습니까?

Var ligger biografen Grand?

바르 리게르 비오그라펜 그란드

상영시간은 몇시입니까?

Hur dags börjar föreställningen?

휘르 닥스 버르야르 훠레스탤닝엔

매표소가 어디입니까?

Var är biljettkontoret?

바르 애 빌예트콘투렛

오늘 저녁 상영표 몇장을 예약하렵니다.

Jag vill beställa några biljetter till i kväll.

아 빌 베스댈라 노그라 빌예떼르 틸 이 크밸

1층 앞자리에 두장을 원합니다.

Jag vill ha två platser på parkett.

아 빌 하 트보 플랏쎄르 포 파르케트

중앙에 가까운 자리를 원합니다.

Jag vill ha platser närmare mitten.

아 빌 하 플랏세르 내르마레 미뗀

미안하지만, 오늘 저녁표는 매진되었습니다.

Det är tyvärr utsålt i kväll.

데 애 튀배르 윗쏠트 이 크밸

입석만 남았습니다.

Det finns bara ståplats kvar.

데 핀스 바라 스토플랏쓰 크바르

내 자리를 찾을 수가 없어요.

Jag kan inte finna min plats.

아 칸 인떼 핀나 민 플랏쓰

휴식시간이 언제 입니까?

När är det paus?

내르 애 데 파우스

영화 · 오락

휴식시간은 얼마 동안입니까?

Hur länge varar pausen?

휘르 　 랭에 　 바라르 　 파우센

여기는 금연입니다.

Rökning förbjuden här.

뢰크닝 　 　 휘르뷰덴 　 　 해르

괜찮은 나이트 클럽 하나 소개해 주세요

Kan du rekommendera en bra
nattklubb?

칸 　 뒤 　 레콤멘데라 　 　 엔 브라 낫트클룹

예복을 입어야 됩니까?

Är det nödvändigt med högtidsdräkt?

애 　 데 　 뇌드밴디트 　 　 메드 　 회그티즈드랙트

입장료를 내야 합니까?

Kostar det något i inträde?

코스타르 　 데 　 노곳 　 이 인트래데

당신과 춤을 추고 싶은데요.

Jag har lust att dansa med er.

야 　 하르 　 루스트 앗 　 단사 　 메드 　 애르

밴드가 아주 훌륭합니다.

Det är en mycket bra orkester.

데 　 애 엔 뮈께 　 브라 오르캐스테르

춤을 추실까요?

Får jag lov?

포르 야   로브

춤을 잘 못춥니다.

Jag dansar inte bra.

야   단싸르   인떼   브라

재즈댄스/왈츠/탱고/를 좋아하십니까?

Tycker ni om jazzdans / vals / tango?

튀께르   니 옴   야스단스/발스/탕고

다음 곡을 저와 함께 추시겠습니까?

Får jag lov till nästa dans?

포르 야   로브   틸   내스타 단스

영화 · 오락

스웨덴 노사관계의 전환점을
이룬 오달렌 사건 기념비 (1931)

밴드가 잘하는군요. 그렇지요?

Orkestern är bra, inte sant?

오르캐스테른   애 브라 인떼 싼트

모두 즐겁게 노십시오.

Mycket nöje, allesammans!

위께   뇌이예   알레싸만스

이 도시에 볼만한 전시회가 있습니까?

Finns det någon sevärd utställning här
i stan?

핀스   데   노곤   쎄-배르드 윗스탤닝   해르 이 스탄

오페라 극장이 어디에 있습니까?

Var ligger Operan?

바르 리게르   우페란

누가 노래를 부릅니까?

Vem är det som sjunger?

벰   애 데 쏨   슝에르

콘서트 홀이 어디 있습니까?

Var ligger konserthuset?

바르 리게르   콘새르휘셋

그것은 시내 중심부에 있습니다.

Det ligger mitt i stan.

데   리게르   밋   이 스탄

영화 · 오락

19. 이발소 · 미용실

머리 손질 좀 해야 되겠는데요.

Jag måste lägga (upp) håret.

야　모스떼　래가 (웁)　　　호렛

미장원 하나 소개해 주시겠어요?

Kan ni rekommendera en hårfrisörska?

칸　니　레코멘데라　　엔　호르프리셔스까

이발소 하나 소개해 주시겠어요?

Kan ni rekommendera en herrfrisör?

칸　니　레코멘데라　　엔　해르프리서르

시간을 예약 하고자 합니다.

Jag skulle vilja beställa tid.

야　스쿨레　빌야　베스탈라　티드

미리 시간을 예약해도 될까요?

Kan jag beställa tid i förväg?

칸　야　베스탈라　티드 이 휘르배그

오후 5시로 예약하려는데요.

Jag skulle vilja beställa tid klockan fem
på eftermiddagen.

야 스쿨레 빌아 베스탤라 티드 클로깐 펨 포 에프터미다겐

언제 오면 되겠습니까?

När kan jag komma?

내르 칸 야 콤마

(머리를)어떻게 해드릴까요?

Hur vill du ha det?

휘르 빌 뒤 하-데

이발과 면도 부탁합니다.

Jag vill ha klippning och rakning.

야 빌 하 클리프닝 오 라크닝

머리를 염색하고자 합니다.

Jag vill ha håret färgat.

야 빌 하 호-렛 홰리앗

파마를 하고자 합니다.

Jag skulle vilja ha håret permanentat.

야 스쿨레 빌아 하 호-렛 패르마넨탓

짧게 잘라 주십시오.

Jag vill ha det kortklippt.

야 빌 하 데 코ㄹ트클립트

너무 짧게 자르지 마세요.

Klipp mig inte för kort! / Klipp inte för mycket!

클립 메이 인떼 휘르 코ㄹ트/클립 인떼 휘르 뮈께

조금만 잘라주세요.

Klipp mig bara lite grann!

클립 메이 바라 리떼 그란

이발소 · 미용실

앞머리를 너무 치지 마세요.

Tag inte för mycket framtill!

타 인떼 휘르 뮈께 후람틸

충분히 짧게 잘랐나요?

Har ni klippt det tillräckligt kort?

하르 니 클립트 데 틸래크리트 코ㄹ트

그쪽 뒤와 옆을 치세요.

Tag där bak och sidorna!

타 대르 박- 오 씨도ㄹ나

면도해주세요.

Jag vill bli rakad.

야 빌 블리 라-까드

목 뒤쪽은 면도하지 마세요.

Raka mig inte i nacken!

라-까 메이 인떼 이 낙껜

머리를 감겨 주십시오.

Jag vill ha håret tvättat.

야 빌 하 호-렛 트뱃탓

물이 너무 뜨겁습니다/찹니다.

Vattnet är för varmt/kallt.

바뜨넷 애 훠르 바름트/칼트

가르마를 이쪽 가운데로 타주십시오.

Jag vill ha benan på den här i mitten.

야 빌 하 베-난 포 덴 해르 이 밋뗀

머리에 아무 것도 바르지 마세요.

Jag vill inte ha något i håret.

야 빌 인떼 하 노-곳 이 호-렛

20. 세탁소

세탁할 것이 좀 있습니다.

Jag har en del saker som behöver
tvättas.

야 하르 엔 델 싸께르 쏨 뵈회베르 트뱃따스

이 옷을 세탁소에 맡겨야 되겠습니다.

Jag måste lämna de här kläderna på
tvätten.

야 모스떼 램나 돔 해르 클래데나 포 트뱃뗸

이 옷을 다려 주시겠습니까?

Kan ni stryka de här kläderna?

칸 니 스트뤼까 돔 해르 클래데나

언제 세탁이 다 됩니까?

När blir de färdiga?

내르 불리 돔 홰ㄹ디가

내일 다 되겠습니까?

Kan de bli färdiga i morgon?

칸 돔 블리 홰ㄹ디가 이 모론

이틀이면 다 되겠습니까?

Kan de bli färdiga om två dagar?

칸 돔 블리 홰ㄹ디가 옴 트보 다가르

나는 일요일에 떠납니다.

Jag åker på söndag.

야 오께르 포 쐰다그

나는 이 것들을 드라이크리닝하고 싶습니다.

Jag vill ha de här sakerna kemtvättade.

야 빌 하 돔 해르 싹껠나 셈트뱃따데

이 물건들을 되도록 속히 돌려 받고 싶습니다.

Jag skulle vilja ha de här sakerna tillbaka så snart som möjligt.

야 스쿨레 빌야 하 돔 해르 싸께ㄹ나

틸바-까 쏘 스나ㄹ트 쏨 머일리트

이 세탁물을 아주 조심스럽게 다뤄주십시오.

Var mycket försiktig om den här tvätten!

바르 뮈께 훠쉭티그 옴 덴 해르 트뱃텐

세탁물이 다 되면 이 주소로 보내 주시겠습니까?

Kan ni skicka tvätten till den här
adressen om den blir färdig?

칸 니 쉬까 트배뗀 틸 덴 해르
아드레쎈 옴 덴 블리 홰ㄹ디그

이건 제대로 다려지지 않았습니다.

Den är inte ordentligt struken.

덴 애 인떼 오ㄹ덴트리트 스트류껜

여기에 구멍이 났습니다.

Det finns hål i den.

데 핀스 홀 이 덴

몇 가지를 수선해야 합니다.

En del saker behöver lagas.

엔 델 사께르 베회베르 라-가스

이것을 수선해 주시겠습니까?

Kan ni laga den åt mig?

칸 니 라-가 덴 오트 메이

셔츠가 하나 빠졌습니다.

Det saknas en skjorta.

데 싸크나스 엔 슈ㄹ따

물이 들었습니다.

Det har färgat av sig.

데　하르　홰르야트　아브 세이

내 옷을 망가뜨렸군요.

Du har förstört mina kläder.

뒤　하르　휘슈터ㄹ트　미나　클래데르

21. 길안내 · 사진찍기

■ **길안내**

나는 우체국을 찾고 있는 중입니다.

Jag letar efter en post.

_{아 레따르 에프터 엔 포스트}

이 근처에 은행은 없습니까?

Finns det en bank i närheten?

_{핀스   데   엔 방크 이 내르헤뗀}

나는 바사 전함을 찾아가려고 합니다.

Jag vill komma till Wasavarvet.

_{아 빌 콤마   틸   바-사바르벳}

여기서 왕궁으로 가려면 어떻게 갑니까?

Hur kommer man härifrån
till Kungliga slottet?

_{휘르 콤메르   만   해리프론 틸 쿵을리가 슬롯뗏}

이 길이 국회의사당으로 가는 길 맞습니까?

Är detta rätt väg till Rikdagshuset?

애 데따 랫 배-그 틸 릭스닥스휘셋

실례합니다만, 시청으로 가는 길을 좀 가르쳐 주
시겠습니까?

Ursäkta, kan ni visa mig vägen till
Stadshuset?

우쌕따 칸 니 비-사 메이 배-겐 틸 스타쓰휘셋

지금 내가 서 있는 위치를 이 지도에서 알려주시
겠습니까?

Kan ni visa mig på kartan var jag nu
står?

칸 니 비-사 메이 포 카르딴 바르 야 뉘 스토르

길
안
내
·
사
진
찍
기

여기가 종점입니까?

Är detta ändstationen?

애 데따 앤드스타슈넨

여기서 곧장 가야 합니까?

Får jag gå rakt fram härifrån?

포르 야 고- 라크트 프람 해리프론

오른쪽으로 첫번째 옆길로 가십시오.

Du ska gå första avtagsvägen till höger.

뒤   스까   고- 훠슈타   아브탁스배겐   틸   회게르

이 거리의 이름은 무엇입니까?

Vad heter den här gatan?

바-   헤떼르   덴   해르   가-딴

학교는 이 쪽 편에 있습니다.

Skolan ligger på den här sidan.

스쿨란   리게르   포   덴   해르   씨-단

대성당은 저쪽 편에 있습니다.

Domkyrkan ligger på andra sidan.

돔쉬르깐   리게르   포   안드라   씨-단

쎄르겔 광장이 여기서 멀리 있습니까?

Är det långt till Sergelstorget?

애   데   롱-트   틸   쎄르겔스토르옛

■ 사진 찍기

여기서 사진을 찍어도 됩니까?

Kan jag få fotografera här?

칸   야   포   후토그라훼라   해르

길안내 · 사진찍기

플래쉬를 사용해도 됩니까?

Får jag använda blixt?

포르　야　안벤다　블릭스트

미안하지만, 사진을 한 장 찍어주시겠어요?

Förlåt, vill ni ta ett kort på mig?

휘르롯　빌　니 타-　엣 쿠르트 포　메이

당신과 함께 사진을 찍고 싶습니다.

Jag skulle vilja ta ett kort med er.

아　스쿨레　빌야　타　엣　쿠르트 메드　애르

사진을 보내드리겠습니다.

Jag ska skicka er en bild.

아　스까 쉬까　애르 엔　빌드

여기에 당신의 주소를 적어 주시겠습니까?

Vill ni skriva er adress här?

빌　니 스크리바　애르 아드레스　해르

여기는 사진 촬영 금지 구역입니다.

Här är fotografering förbjuden.

해르　애 후토그라훼링　휘르뷰덴

비데오 카메라를 좀 보려고 합니다.

Jag skulle vilja se på en videokamera.

아　스꿀레　빌야　쎄- 포　엔　비데오카메라

이것을 확대해주세요.

Vill du vara snäll och förstora detta!

빌　뒤　바라　스낼　오　휘슈투라　뎃따

제 사진기가 제대로 작동하지 않습니다.

Min kamera fungerar inte ordentligt.

민　카메라　훙게라르　인떼　오르덴틀리트

이 카메라를 좀 조정해 주시겠습니까?

Kan ni justera den här kameran?

칸　니　슈스테라　덴　해르　카-메란

이 필름을 현상해 주시겠습니까?

Kan ni framkalla de här filmerna?

칸　니　프람칼라　돔　해르　필메ㄹ나

한 장씩 뽑아주십시오.

Jag skulle vilja ha en kopia av varje bild.

야　스쿨레　빌야　하　엔　코피아　아브 바르예　빌드

칼라 슬라이드 필름 한 통 주십시오.

Jag vill ha en fägfilm för diabild.

야　빌　하　엔　홰르이필름　휘르　디아빌드

이 사진들을 확대할 수 있습니까?

Kan ni förstora de här fotografierna?

칸　니　휘슈투라　돔　해르　후토그라피에나

22. 안경점 · 시계 · 보석

■ 안경점

이 안경을 수선해야겠습니다.

De här glasögonen behöver lagas.

돔　해르　글라스외고넨　　베회베르　　라 - 가스

안경테/안경알을 새것으로 해야겠습니다.

Jag behöver nya bågar/glas.

아　베회베르　　뉘아　　보가르/글라스

여기가 부서졌습니다.

De är sönder här.

돔　애　쬔데르　　해르

안경이 편치가 않습니다.

Glasösonen sitter inte bekvämt.

글라스외고넨　　씻데르　　인떼　　베크뱀트

너무 꽉 낍니다.

Den sitter för hårt.　덴　씻데르　휘르　호르트

너무 헐겁습니다.

Den sitter för löst.

덴   씻데르   휘르 뢰스트

■ 시 계

내 시계가 가지 않습니다.

Min klocka har stannat.

민   클로까   하르   스타낫

이 시계를 분해 소지해야겠습니다.

Klockan behöver göras ren.

클로깐   베회베르   여라스   렌

내 시계를 수선할 수 있습니까?

Kan jag få min klocka lagad?

칸   야   포 민   클로까   라 - 가드

금(손목)시계를 갖고 계십니까?

Har du någon armbandsklocka i guld?

하르   뒤   노곤   아름반스클로까   이 굴드

내 시계가 잘 맞지 않습니다.

Min klocka går fel.

민   클로까   고르 펠

이 시계는 빨리/늦게 갑니다.

Den här klockan går före/efter.

덴　　해르　클로깐　　고르　휘레/에프테르

손목시계를 떨어뜨렸습니다.

Jag har tappat mitt armbandsur.

야　하르　타파트　밋　아름반스위르

자명종이 있습니까?

Har ni någon väckarklocka.

하르　니　노곤　백까르클로까

■ 보석

반지/은팔찌를 사고 싶습니다.

Jag skulle vilja köpa en ring/en
silverarmband.

야　스꿀레　빌야　세-빠　엔 링/ 엔　실베르아름반드

금 귀걸이/은 목걸이를 사고 싶습니다.

Jag skulle vilja köpa en
guldörhänge/en silverhalsband.

야　스꿀레　빌야　세-빠　엔
굴드어르행에/ 엔　실베르할스반드

이것은 순금/순은입니까?

Är det äckta guld/silver?

애　데　액따　굴드/실베르

23. 병원 · 치과

■ 병원

이 근처에 병원이 있습니까?

Finns det ett sjukhus här i närheten?

핀스　데　엣　슉-휘스　해르 이 내르헤뗀

의사한테 가 보아야겠습니다.

Jag måste gå till en läkare.

아　모스떼　고- 틸　엔　래-까레

진찰을 받고 싶습니다.

Jag skulle vilja bli undersökt.

아　스꿀레　빌야　블리 운더쐬크트

의사를 좀 불러주십시오.

Var snäll och ring efter en läkare!

바르 스넬　오　링　에후테르 엔　래-까래

몸이 안 좋습니다.

Jag känner mig inte bra.

아 세네르 메이 인떼 브라

나는 두통이 있고, 허리가 아픕니다.

Jag har huvudvärk och ont i ryggen.

아 하르 휴브드배르크 오 온트 이 뤼겐

기운이 하나도 없습니다.

Jag känner mig mycket matt.

아 센네르 메이 뮈께 마트

감기에 (대단히) 걸렸습니다.

Jag är (mycket) förkyld.

아 애 (뮈께) 훠르쉴드

열이 있는 것 같습니다.

Jag känner mig febrig.

아 센네르 메이 훼브리그

열이 납니다.

Jag har feber.

아 하르 훼베르

열이 높습니다.

Jag har hög feber.

아 하르 회그 훼베르

목이/배가 아픕니다.

Jag har ont i halsen/magen.

야　하르　운트 이 할센/마-겐

설사가 납니다.

Jag har diarré.

야　하르　디아레

귀가 아픕니다.

Jag har ont i örat.

야　하르　운트 이 어랏

현기증이 납니다.

Jag känner mig yr.

야　세네르　메이 위르

줄기침이 납니다.

Jag har en ihållande hosta.

야　하르　엔　이홀란데　후스타

오한이 납니다.

Jag har frossa.

야　하르　후로싸

잠을 제대로 자지 못합니다.

Jag sover oroligt.

야　쏘베르　우롤리트

(당신은) 식중독에 걸리셨습니다.

Ni har drabbats av matförgiftning.

니 하르 드라밧스 아브 마트휘르이프트닝

일사병에 걸리셨습니다.

Ni har drabbats av solsting.

니 하르 드라밧스 아브 쏠-스팅

휴식을 취해야 합니다.

Du behöver vila.

뒤 베회베르 빌-라

나는 손/손가락을 다쳤습니다.

Jag har gjort mig illa i handen / fingret.

야 하르 유ㄹ트 메이 일라 이 한덴 / 핑그렛

나는 팔을 다쳤습니다.

Jag har gjort mig illa i armen.

야 하르 유ㄹ트 메이 일라 이 아르멘

당신은 전문의에게 가셔야겠습니다.

Jag vill att du söker en specialist.

야 빌 앗 뒤 쐬게르 엔 스페시알리스트

몸에 무엇이 돋았습니다.

Jag har utslag.

야 하르 윗슬라그

병원

치과

스웨덴어 회화 · 179

나는 고양이한테 알레르기 반응을 보입니다.

Jag är allergisk mot katt.

야　애　알레르기스크　무트　카트

나는 자작나무에 대해 알레르기 반응을 보입니다.

Jag är allergisk mot björk.

야　애　알레르기스크　무트　버르크

제 혈액형은 B형입니다.

Jag är blodgruppp B.

야　애　블루드그룹　베

병원에 입원해야 합니까?

Måste jag ligga på sjukhus?

모스떼　야　리가　포　슈크휘스

침대에 누워 있어야 합니까?

Måste jag ligga till sängs?

모스떼　야　리가　틸　쌩스

얼마나 안정을 취해야 합니까?

Hur länge behöver jag vila mig?

휘르　랭에　뵈회베르　야　빌-라　메이

여행을 계속할 수 있습니까?

Kan jag fortsätta min resa?

칸　야　후르쌧따　민　레-싸

당신은 뇌출혈이 있었습니다.

Du har haft en hjärnblödning.

뒤 하르 하프트 엔 엔-불뢰드닝

회복이 되려면 얼마나 걸리겠습니까?

Hur länge dröjer det innan jag blir
frisk igen?

휘르 랭에 드뢰예르 데 이난 아 블리 프리스크 이엔

저는 여전히 몸이 안 좋습니다.

Jag mår fortfarande inte bra.

아 모르 훗화란데 인떼 브라

저는 조금/많이 나아졌습니다.

Jag mår något/mycket bättre.

아 모-르 노곳/뮈께 배뜨레

그다지 심한 것은 아닙니다.

Det är ingenting allvarligt.

데 애 잉엔팅 알바ㄹ리트

이 약은 몇 회나 복용합니까?

Hur ofta får jag ta den här medicinen?

휘르 오프타 포르 야 타 덴 해르 메디시넨

물과 함께 1일 3회 복용하십시오.

Ta den med vatten tre gånger om dagen.

타 덴 메드 바뗀 트레 공에르 옴 다겐

식사 전에 드십시오.

Tag den före måltider.

타 덴 휘레 몰-티데르

식사 후 30분에 드십시오.

Tag den tretio minuter efter måltider.

타 덴 트레띠 미뉴떼르 에프떼르 몰-티데르

두드러기가 났습니다.

Jag har nässelfeber.

야 하르 내쎌훼베르

■ 치과

이가 아픕니다.

Jag har tandvärk.

야 하르 탄드배르크

치통이 지독합니다.

Jag har en förskräcklig tandvärk.

야 하르 엔 휘슈크랙클리그 탄드배르크

치료를 잘하는 치과에 가고자 합니다.

Jag vill gå till en bra tandläkare.

야 빌 고- 틸 엔 브라- 탄드래까레

이를 뽑아야 되겠습니다.

Tanden måste dras ut.

탄덴　모스떼　드라스 윗

그것을 뽑아야만 합니까?

Måste den dras ut?

모스떼　덴　드라스 윗

약간 아플 겁니다.

Det kommer att kännas lite grand.

데　콤메르　앗　새나스　리떼 그란

마취를 해 주실 수 있습니까?

Kan jag få bedövning?

칸　야　포　베되-브닝

이의 봉이 빠졌습니다.

Jag har tappat en plomb.

야　하르　타빠트 엔 플롬브

임시 봉을 박아주시겠습니까?

Kan jag få en provisorisk fyllning?

칸　야　포　엔　프루비소리스크　횔르닝

잇몸이 아픕니다.

Det gör ont i tandköttet.

데　여르　운트 이 탄드셧땟

잇몸에서 피가 납니다.

Tandköttet blöder.

탄드셧뗏　　　불뢰데르

이 하나가 부러졌습니다.

Jag har brutit av en tand.

아　　하르　브루띠트　아브　엔　탄드

이 의치가 부서졌습니다.

De här löständerna är sönder.

돔　해르　뢰스탠데ㄹ나　　　애　쐰데르

이가 썩은 것 같지는 않습니다.

Tanden verkar inte angripen.

탄덴　　　배르까르　　인떼　안그리뻰

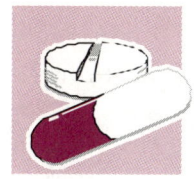

24. 약국

근처에 약국이 있습니까?

Finns det ett apotek i närheten?

핀스   데   에트 아포테크   이 내르헤뗀

이 처방전을 한국에서 받아 왔습니다.

Jag fick det här receptet i Korea.

아   픽   데   해르   레셉텟   이 코레아

이 처방대로 약을 지어주시겠습니까?

Kan ni göra i ordning det här receptet till mig.

칸   니 여라   이 오ㄹ드닝   데 해르 레셉텟 틸 메이

언제 됩니까?

När är det färdigt?

내르   애   데   홰ㄹ디트

코감기가 들었습니다.

Jag har snuva.

아   하르   스뉴바

감기약 좀 주시겠습니까?

Kan ni ge mig något mot förkylning?

칸　　니　예　메이　노곳　　무트　휘르쉴링

소화불량입니다.

Jag har dålig matsmältning.

야　　하르　돌리그　마트스맬트닝

변비가 있습니다.

Jag har förstopping.

야　　하르　휘슈톱프닝

기침약/수면제가 필요합니다.

Jag behöver hostmedicin/sömntabletter.

야　　베회베르　　후스트메디신/쐼타블레떼르

두통 약이 필요합니다.

Jag behöver huvudvärkstabletter.

야　　베회베르　　휴부드배륵스타블레떼르

목 아픈 데는 무슨 약을 먹어야 되나요?

Kan du rekommendera någonting mot halsont?

칸　　뒤　레코멘데라　　　노곤팅　무트　할스운트

나는 당뇨병 환자입니다.

Jag är diabetiker.

야　　애　디아베티케르

약
국

인슐린이 필요합니다.

Jag behöver insulin.

야　베회베르　　인슐린

눈에 무엇이 들어갔습니다.

Jag har något i ögat.

야　하르　노곳　　이 외-갓

눈 세척제를 좀 주십시오.

Jag vill ha lite ögonvatten.

야　빌　하 리떼　외-곤바뗀

얼굴용 크림이 좀 필요합니다.

Jag behöver lite ansiktskräm.

야　베회베르　　리떼　안씩스크램

잠이 안옵니다.

Jag kan inte sova.

야　칸　　인데　쏘-바

먹지를 못하겠습니다.

Jag kan inte äta.

야　칸　　인떼　애-따

나는 임신했습니다.

Jag är gravid.

야　애　그라비드

약
국

약을 먹어도 됩니까?

Får jag ta medicin?

포르 야 타 메디신-

피임약을 복용합니다.

Jag tar p-piller.

야 타르 페필레르

나는 페니실링에 알레르기 반응을 보입니다.

Jag är allergisk mot penicillin.

야 애 알레르기스크 무트 페니실린

너무 강한 약은 싫습니다.

Jag vill inte ha någon medicin som är för stark.

야 빌 인떼 하 노곤 메디신 쏨 애 회르 스따르크

약
국

이 약은 처방전 없이 구입할 수 있습니까?

Kan jag köpa den här medicinen utan recept?

칸 야 세-빠 덴 해르 메디시넨 위딴 레셉트

25. 경찰서

외국인으로 등록을 하고자 합니다.

Jag vill anmäla mig som utlännning.

야 빌 안맬라 메이 쏨 윗뜰랜닝

얼마동안 여기서 체류할 예정입니까?

Hur länge tänker ni stanna här?

휘르 랭에 탱께르 니 스따나 해르

약 3년간 체류할 것입니다.

Jag vill stanna ungefär tre år.

야 빌 스따나 응에훼르 트레 오르

직업이 무엇입니까?

Vad har ni för yrke?

바- 하르 니 휘르 위르께

학생/간호사입니다.

Jag är studerande/sjuksköterska.

야 애 스투데란데/슉-쉐떼ㄹ스까

국적이 어느 나라지요?

Vad har ni för medborgarskap?

바- 하르 니 휘르 메드보르가슈깝

한국 국적입니다.

Jag är koreansk medborgare.

야 애 코레안스크 메드보르가레

이 등록서류를 기입하십시오.

Var god och fyll i den här
anmäningsblanketten!

바르 굿- 오 휠 이 덴 해르
안맬닝스블랑켓뗀

일주일 후에 통지를 받게 됩니다.

Ni får besked om en vecka.

니 포르 베쉐드 옴 엔 벡까

제 체류허가가 곧 끝납니다.

Mitt uppehållstillstånd går ut snart.

밋 웁뻬홀스틸스톤드 고르 윗트 스나ㄹ트

체류허가를 연장하고자 합니다.

Jag skulle vilja förlänga mitt
uppehållstillstånd.

야 스꿀레 빌야 휘를랭아 밋
웁뻬홀스틸스톤드

얼마동안 연장 받을 수 있습니까?

Hur länge kan jag få förlängning?

휘르 랭에 칸 야 포 휘르랭으닝

처음에는 6개월 받을 수 있습니다.

Ni kan få sex månad vid första tillfälle.

니 칸 포 쎅스 모나드 비드 휘슈따 틸휄레

제 여권을 분실하였습니다.

Jag har tappat mitt pass.

야 하르 타빳트 밋 파쓰

먼저 당신네 나라 대사관에 이를 신고해야 합니다.

Framför allt måste ni anmäla detta till er
ambassad.

프람휘르 알트 모스떼 니 안맬라 데따 틸 에르

암바싸드

광고를 낼 필요가 있을까요?

Lönar det sig att annonsera?

뢰나르 데 쎄이 앗 아농세라

만일 찾게되면 제게 알려주시겠습니까?

Vill ni underlätta mig om det
återkommer?

빌 니 운더랫따 메이 옴 데 오떼르콤메르

분실물 발견에 대한 보상을 하겠습니다.

Jag vill gärna betala hittelön.

야 빌 애ㄹ나 베탈라 힛때뢴-

스톡홀름 항구

26. 날씨

오늘 날씨가 어떻습니까?

Hur är det för väder i dag?

휘르 애 데 휘르 배데르 이 다그

어제보다는 따뜻합니다.

Det är varmare än i går.

데 애 바르마레 앤 이 고르

춥습니다.

Det är kallt.

데 애 칼트

외출하기에는 너무 바람이 붑니다.

Det är för blåsigt att gå ut.

데 애 휘르 블로시트 앗 고- 윗

안개가 끼었습니다.

Det är dimmigt.

데 애 딤미트

구름이 끼었습니다.

Det är molnigt.

데 애 몰니트

아주 좋은 날씨이군요.

Vilken underbar dag!

빌껜 운더바르 다-그

이렇게 좋은 날씨가 계속되기를 바랍니다.

Låt oss hoppas att det fina vädret håller i sig.

롯 오스 호빠스 앗 데 피나 배드렛 홀레르 이 세이

눈이 (많이) 옵니다.

Det snöar (mycket).

데 스뇌아르 (뮈께)

날씨 전망이 좋습니다/나쁩니다.

Väderleksutsikterna är bra/dåliga.

배델렉스윗식테ㄹ나 애 브라 -/돌-리가

바람이 멎었습니다.

Vinden har vänt.

빈덴 하르 밴트

어제보다 춥습니다.

Det är kallare än i går.

데 애 칼라레 앤 이 고르

오늘 얼마나 춥습니까?

Hur kallt är det i dag?

휘르 칼트 애 데 이 다그

영하 20도 입니다.

Det är minus tjugo grader.

데 애 미누스 슈고 그라데르

꼬마 아이들은 집안에 있어야 합니다.

De små barnen får stanna hemma.

돔 스모 바르넨 포르 스따나 헴마

이 계절에는 늘 이렇게 춥습니까?

Är det alltid så kallt vid den här
årstiden?

애 데 알티드 쏘 칼트 비드 덴 해르 오슈티덴

아니오, 요즘 이상하게 춥습니다.

Nej, det är ovanligt kallt nu.

네이 데 애 우반리트 칼트 뉘

손/발이 시립니다.

Jag fryser om händerna/fötterna.

야 프뤼세르 옴 핸데르나/훠떼르나

날
씨

호수가 다시 얼었습니다.

Sjön har frusit igen.

쉔- 하르 프루시트 이엔

눈이 와서 길이 막혔습니다.

Vägen har snöat igen.

배-겐 하르 스뇌아트 이엔

오늘은 21도로 따뜻합니다.

I dag är det tjugoen grader varmt.

이 다그 애 데 슈고엔 그라데르 바름트

수영하기 좋은 날씨입니다.

Man kan gå och bada i dag.

만 칸 고- 오 바-다 이 다그

날
씨

27. 자주쓰는 표현들

이것은 무슨 뜻입니까?

Vad betyder detta?

바- 베튀데르 뎃따

당신이 말하는 것을 이해하지 못하겠습니다.

Jag förstår inte vad ni säger.

야 휘스토르 인떼 바- 니 쌔이에르

화장실은 어디 있습니까?

Var är toaletten?

바르 애 투알렛뗀

시간이 없습니다.

Jag har inte tid.

야 하르 인떼 티-드

기분이 어떠십니까?

Hur känns det?

휘르 쎈스 데

좋습니다.

Tack, bara bra.

탁   바라   브라

도움이 필요하십니까?

Behöver ni hjälp?

베회베르   니 앨프

나는 매우 피곤합니다.

Jag är mycket trött.

야 애 뮈께   트뢋트

오늘이 무슨 요일입니까?

Vad är det för dag i dag?

바드 애 데   휘르 다그 이 다그

오늘은 수요일입니다.

I dag är det onsdag.

이 다그 애 데   운스닥

내일은 목요일입니다.

I morgon är det torsdag.

이 모-론   애 데 투슈다그

오늘은 며칠입니까?

Vilket datum är det i dag?

빌겟   다-툼   애 데   이 다그

1월 15일 입니다.

Det är den femtonde januari.

데 애 덴 펨뜬데 야누아리

당신을 만나서 기쁩니다.

Jag är så glad över att få träffa dig.

야 애 쏘 글라드 외버르 앗 포 트래파 데이

당신에 대해 많은 이야기를 들었습니다.

Jag har hört så mycket om dig.

아 하르 허르트 쏘 뮈께 옴 데이

당신을 자주 생각합니다.

Jag tänker ofta på dig.

아 탱께르 오프타 포 데이

우리 다시 만나기를 기대합니다.

Jag hoppas vi ses igen.

아 홉삐스 비 쎄스 이엔

한국어를 하십니까?

Talar du koreanska?

탈라르 뒤 코레안스까

나는 모국어만 이해합니다.

Jag förstår bara mitt modersmål.

아 훠슈토르 바라 밋 무-데슈몰

어서 오십시오. 이렇게 와주셔서 반갑습니다.

Välkommen till oss!

밸-콤멘   틸 오스

Jag är så glad att du kunde komma.

야 애 소 글라-드 앗 뒤 쿤데 콤마

담배를 피워도 괜찮겠습니까?

Har du något emot att jag röker?

하르 뒤 노-곳 에못 앗 야 뢰-께르

당신에게 방해가 안되기를 바랍니다.

Jag hoppas, att jag inte stör dig.

야 홉빠스 앗 야 인떼 스터르 데이

부탁 하나 들어주시겠습니까?

Vill du göra mig en tjänst?

빌 뒤 여라 메이 엔 쎈스트

무슨 일인데요?

Vad är det för något?

바 애 데 훠르 노곳

될 수 있는대로 빨리 좀 오실 수 있는지요?

Kan du komma så fort som möjligt?

칸 뒤 콤마 소 후르트 쏨 머일리트

여러가지로 무척 고맙습니다.

Tack så hemskt mycket för allt.

탁 쏘 헴스크트 뮈께 휘르 알트

푹 주무셨습니까?

Har du sovit gott?

하르 뒤 쏘-빗 곳

안녕히 주무세요.

Sov gott!

쏘-브 곳

기쁜 성탄과 복된 새해를 가족과 함께 맞이하시길 바랍니다.

En god jul och ett gott nytt år önskar jag dig och din familj!

엔 구-드 율 오 엣 곳 뉴트 오르 왼스까르
아 데이 오 딘 화밀에

자주 쓰는 표현들

🛥 스톡홀름의 유람선 - 멜라렌오

그간 편찮으셨다니 정말 안됐군요.

Vi är mycket ledsna att höra, att du
varit sjuk.

비 애 뮈께　　레쓰나　　앗 허-라 앗 뒤 바릿 슈크

다시 건강하시기를 기원합니다.

Vi hoppas, att du mår bra igen.

비 홉빠스　　앗 뒤 모르 브라 - 이엔

정말 놀라운 일이군요.

Det var en underbar överraskning.

데 바 엔 운더바르　　외버라스크닝

나는 당신의 꿈이 모두 이루어지기를 바랍니다.

Jag hoppas att alla dina drömmar skall
gå i uppfyllelse.

야 홉빠스　　앗 알라 디나 드룀마르　　스깔
고- 이 웁휠렐세

자 주 쓰 는 표 현 들

알프레드 노벨

당신은 그 남자를 자랑스럽게 여겨야 합니다.

Du borde vara stolt över honom.

뒤   부르데   바라   스톨트   외버르   호놈

왜 우십니까?

Vad gråter du för?

바-   그로떼르   뒤   휘르

왜 웃으십니까?

Vad skrattar du åt?

바-   스끄라따르   뒤   오트

왜 내게 화를 내십니까?

Varför är du arg på mig?

바르휘르   애   뒤   아르이   포   메이

나가시오! 나를 건드리지 마시오!

Gå din väg! Rör mig inte!

고   딘   배-그   러르   메이   인떼

나를 제발 가만히 놔두세요.

Var snäll och låt mig vara i fred.

바르   스낼   오   로트   메이   바라   이   후레드

나는 당신에 대해 상관하고 싶지 않습니다

Jag vill inte ha någonting med dig att
göra.

아   빌   인떼   하   노곤팅   메드   데이   앗   여라

내가 실수를 저질렀습니다.

Jag gjorde ett misstag.

야　유르데　엣　미스타그

내 잘못입니다.

Det är mitt fel.

데　애　밋트　휄

나는 당신에게 배상해야 합니다.

Jag måste gottgöra dig för det.

야　모스떼　곳어라　데이　휘르　데

제발 참고 지켜봐 주십시오.

Ha tålamod med mig, snälla du!

하 - 톨라무드　메드　메이　스낼라　뒤

나는 당신의 분노/기쁨을 상상할 수 있습니다.

Jag kan föreställa mig din vrede / glädje.

야　칸　훠레스탤라　메이　딘　브레데/글예데

당신의 슬픔을 알겠습니다.

Jag kan föreställa mig din sorg.

야　칸　훠레스탤라　메이　딘　쏘르이

싫으면 그만두십시오.

Vill du inte, så slipp!

빌　뒤　인떼　쏘　슬립

인생은 이런 것입니다.

Sådant är livet!

쏘단트　　애　리벳

그런 일은 전혀 경험한 바가 없습니다.

Något sådant har jag aldrig upplevt.

노곳　　쏘단트　　하르　야　알드리그　우플레브트

내일 무엇을 하실 겁니까?

Vad ska du göra i morgon?

바드　스까　뒤　여라　이 모론

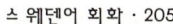

어디서 만날까요 ?

Var ska vi träffas?

바르　스까　비　트래파스

어디 가십니까?

Vart ska du gå?

바ㄹ트 스까　뒤　고-

언제 이 곳에 오셨습니까?

När kom du hit?

내르　콤　　뒤　히트

(나는) 무엇을 하지요?

Vad ska jag göra?

바-　스까　야　여라

지루하십니까 ?

Har du det tråkigt?

하르 뒤 데 트로끼이트

불편한 것이 있습니까?

Är det någonting obekvämt?

애르 데 노곤팅 우베크벰트

내게 화가 나셨습니까?

Är du arg på mig?

애르 뒤 아르이 포 메이

심각하게 받아들이지 마세요.

Ta det inte på allvar!

타 데 인떼 포 알바르

그것을 확신하세요?

Är du säker på det?

애 뒤 쌔께르 포 데

예, 확신합니다.

Ja, jag är säker på det.

야 - 야 애 쌔께르 포 데

약속합니다.

Jag lovar det.

야 로바르 데

후회합니다.

Jag ångrar mig.

야　옹으라르　메이

저를 실망시키지 마세요.

Gör mig inte besviken!

여르　메이　인떼　베스비껜

제 말을 좀 들어보세요.

Lyssna på mig!

뤼쓰나　포　메이

쉽습니다/어렵습니다.

Det är lätt/svårt.

데　애　랫트/스보르트

노벨상 시상식

맛있게 드십시오.

Smaklig måltid!

스마끄리그   몰티드

맥주 한잔 사겠어요.

Jag vill bjuda på ett glas öl.

아   빌   뷰다   포   엣 글라스 욀-

그러시겠습니까? 고맙습니다.

Ska ni göra det? Tack så mycket!

스까 니 여-라 데   탁   쏘 뮈께

맥주잔을 채울가요?

Får jag fylla på lite öl?

포르 야   휠라   포   리떼 욀-

됐습니다. 한 잔이면 됩니다.

Nej, tack. Det räcker med ett glas.

네이   탁   데   랙께르   메드   엣 글라스

저는 술을 잘 못합니다.

Jag dricker inte så mycket.

아   드릭께르   인떼   쏘 뮈께

부록

 **1. 숫자**

1) 기수

0	noll	놀
1	ett/en	에트/엔
2	två	트보
3	tre	트레
4	fyra	휘라
5	fem	펨
6	sex	쎅스
7	sju	슈-
8	åta	오따
9	nio	니오(니에)
10	tio	티오(티에)
11	elva	엘바
12	tolv	톨브
13	tretton	트레똔
14	fjorton	퓨ㄹ똔
15	femton	펨똔
16	sexton	쎅스똔
17	sjutton	슈똔

18	arton	아ㄹ똔
19	nitton	니똔
20	tjugo	슈-고
21	tjugoett/tjugoen	슈고에트/슈고엔
22	tjugotvå	슈고트보
30	trettio	트레띠(오)
40	fyrtio	휘ㄹ띠(오)
50	femtio	펨띠(오)
60	sextio	쎅스띠(오)
70	sjuttio	슈띠(오)
80	åttio	오띠(오)
90	nittio	니띠(오)
100	(ett) hundra	(에트) 훈드라
105	hundra fem	훈드라 펨
200	två hundra	트보 훈드라
500	fem hundra	펨 훈드라
1000	(ett) tusen	(에트) 튀센
1,100	elva hundra	엘바 훈드라
10,000	tiotusen	티오튀센
100,000	hundratusen	훈드라튀센
1,000,000	en miljon	엔 밀리윤
1,000,000,000		
	en miljard	엔 밀리아드

2) 서수

첫 번째	första/förste	휘슈따/휘슈떼
두 번째	andra/andre	안드라/안드레
세 번째	tredje	트레제
네 번째	fjärde	휘ㄹ데
다섯 번째	femte	펨떼
여섯 번째	sjätte	섓떼
일곱 번째	sjunde	슌데
여덟 번째	åttonde	오똔데
아홉 번째	nionde	니온데
열 번째	tionde	티온데
열한 번째	elfte	엘프테
열두 번째	tolfte	톨프테
열세 번째	trettonde	트레똔데
스무 번째	tjugonde	슈곤데

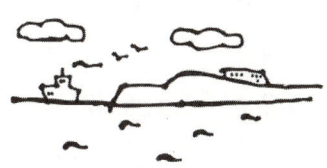

2. 요일, 달, 계절, 기타 시간표현

1) 요일

월요일	måndag	몬닥-
화요일	tisdag	티스닥-
수요일	onsdag	운스닥-
목요일	torsdag	투ㄹ스닥-
금요일	fredag	후레닥-
토요일	lördag	러르닥-
일요일	söndag	쐰닥-

2) 달

1월	januari	야누아리
2월	februari	훼브루아리
3월	mars	마르스
4월	april	아프릴
5월	maj	마이
6월	juni	유니
7월	juli	율리
8월	augusti	아우구스티

9월	september	쎕템베르
10월	oktober	옥투베르
11월	november	노벰베르
12월	december	데셈베르

3) 계절

봄	vår	보르
여름	sommar	쏨마르
가을	höst	회스트
겨울	vinter	빈테르

4) 시간 표현

아침에	på morgonen	포 모로넨
정오에	på middagen	포 미다겐
오후에	på eftermiddagen	포 에프터미다겐
저녁에	på kvällen	포 크밸렌
밤에	på natten	포 낫뗀
어제	i går	이 고-르
그저께	i förrgår	이 휘르고르
오늘	i dag	이 다-그
내일	i morgon	이 모론
내일 아침	i morgon bitti	이 모론 비띠
모레	i övermorgon	이 외베르모론

지난주	förra veckan	훠라 벡깐
이번주	den här veckan	덴 해르 벡깐
다음주	nästa vecka	내스따 벡까
이틀 전	för två dagar sedan	훠르 트보 다가르 쎈
이틀 후	två dagar efter	트보 다가르 에프떼르
지난달	förra månaden	훠라 모나덴
이번 달	den här månaden	덴 해르 모나덴
다음달	nästa månad	내스따 모나드
지난해	förra året	훠라 오-렛
올해	i år	이 오-르
내년	nästa år	내스따 오-르
항상	alltid	알티드
매일	varje dag	바르예 다-그
매주	varje vecka	바르예 벡까

3. 국명, 국적, 국민, 언어

1) 국명, 국적

	국명	국적(형용사)
한국(남한)	Sydkorea 쉬드코레아	sydkoreansk 쉬드코레안스크
조선(북한)	Nordkorea 누르드코레아	nordkoreansk 누르드코레안스크
스웨덴	Sverige 스배리예	svensk 스벤스크
덴마크	Danmark 단마르크	dansk 단스크
노르웨이	Norge 노르예	norsk 노르스크
핀란드	Finland 핀란드	finsk 핀스크
아이슬란드	Island 이슬란드	isländsk 이슬랜스크
미국(U.S.A)	Amerika 아메리카	amerikansk 아메리칸스크

캐나다	Kanada 카나다	kanadensisk 카나덴시스크
영국	England 엥을란드	engelsk 엥엘스크
아일란드	Irland 이를란드	irländsk 이를랜스크
오스트렐리아	Australien 아우스트랄리엔	australiensk 아우스트랄리엔스크
독일	Tyskland 튀스클란드	tysk 튀스크
프랑스	Frankrike 프랑크리께	fransk 프란스크
네덜란드	Holland 홀란드	holländsk 홀랜스크
이탈리아	Italien 이탈리엔	italiensk 이탈리엔스크
스위스	Schweiz 슈베이츠	schweizisk 슈베이씨스크
오스트리아	Österrike 외스테리께	österrikisk 외스테리끼스크
스페인	Spanien 스빠니엔	spansk 스빤스크
포르투갈	Portugal 포르투갈	portugisisk 포르투기시스크

그리스	Grekland 그레끌란드	grekisk 그레끼스크
러시아	Ryssland 뤼슬란드	rysk 뤼스크
폴란드	Polen 폴렌	polsk 폴스크
헝가리	Ungern 웅에른	ungersk 웅에슈크
중국	Kina 시-나	kinesisk 시네시스크
일본	Japan 야-빤	japansk 야빤스크
인도	Indien 인디엔	indisk 인디스크

2) 국민, 언어

	남자	여자/ 언어
한국(남한)	sydkorean 쉬드코레안	sydkoreanska 쉬드코레안스까
조선(북한)	nordkorean 누ㄹ드코레아	nordkoreanska 누ㄹ드코레안스까
스웨덴	svensk 스벤스크	svenska 스벤스까

덴마크	dansk 단스크	danska 단스까
노르웨이	norrman 노르만	norska 노르스까
핀란드	finne 핀네	finska 핀스까
아이슬란드	isländning 이슬랜닝	isländska 이슬랜스까
미국(U.S.A)	amerikan 아메리칸	amerikanska 아메리칸스까
캐나다	kanadensare 카나덴사레	kanadensiska 카나덴시스까
영국	engelsman 엥엘스만	engelska 엥엘스까
아일란드	irländare 이를랜다레	irländska 이를랜스까
오스트렐리아	australier 아우스트랄리에르	australiska 아우스트랄리스까
독일	tysk 튀스크	tyska 튀스까
프랑스	fransman 프란스만	fransyska/franska 프란쉬스까/프란스까
네덜란드	holländare 홀랜다레	holländska 홀랜스까

이탈리아	italienare 이탈리에나레	italienska 이탈리엔스까
스위스	schweizare 슈베이싸레	schweiziska 슈베이씨스까
오스트리아	österrikare 외스테리까레	österrikiska 외스테리끼스까
스페인	spanjor 스빠뇨르	spanska 스빤스까
포르투갈	portugis 포르투기스	portugisiska 포르투기시스까
그리스	grek 그레크	grekiska 그레끼스까
러시아	ryss 뤼스	ryska 뤼스까
폴란드	polack 폴락	polska 폴스까
헝가리	ungrare 웅으라레	ungerska 웅에슈까
중국	kines 시네스	kinesiska 시네시스까
일본	japan 야-빤	japanska 야빤스까
인도	indier 인디에르	indiska 인디스까

4. 유용한 안내문구

개점	Öppet	욋뺏
폐점	Stängt	스탱트
화장실	Toalett/W.C.	트왈렛/베쎄
숙녀용	Damer	다메르
신사용	Herrar	해라르
비어있음	Ledigt	레딧트
사용중	Upptaget	웁타겟
당기세요	Drag	드라그
미세요	Skjut	슈트
입구	Ingång	인공
출구	Utgång	위트공
비상구	Nödutgäng	뇌드위트공
갈아타기	Övergång	외베르공
안내	Information/Upplysning
	인포르마숀/웁플뤼스닝	

음료수	Driksvatten	드릭스바뗀
하숙집/기숙사	Pensionat	팡슈나트
1일3식제 숙박	Helpension	헬팡숀
1일2식제 숙박	Halvpension	할브팡숀

주의	Varning	바르닝
만지지 마세요	Berör ej	베러르 에이
고장	Ur funktion	위르 훙크숀
렌트(대여)	Uthyrning	위트휘르닝
판매용	Till salu	틸 쌀뤼
금연	Rökning förbjuden	뢰-크닝 휘르뷰덴
흡연구역	Rökning tillåten	뢰-크닝 틸로뗀
출입금지	Tillträde förbjudet	틸트래뎃 휘르뉴뎃
입장무료	Fritt inträde	프릿 인트래데
정지	Stopp	스톱
위험	Fara	화-라
수영금지	Simning förbjuden	심으닝 휘르뷰덴
주차금지	Parkering förbjuden	파르케링 휘르뷰덴
주차장	Parkeringsplats	파르케링스 플라츠
천천히	Sakta	싹따
보도	Trottoar	트로또아르
촬영금지	Fotografering förbjuden	휘토그라훼링 휘르뷰덴

5. 신체각부위이름

머리	huvud	휘뷰드
얼굴	ansikte	안씩떼
이마	panna	파나
눈	ögon	외-곤
코	näsa	내-싸
입	mun	문
귀	öron	어-론
입술	läppar	랩빠르
혀	tunga	퉁아
이	tänder	탠데르
턱	haka	하-까
볼/뺨	kinder	신데르
손	hand	한드
손가락	finger	핑에르
손목	handled	한들레-드
팔	arm	아름
무릎	knä	크내
다리	ben	벤-
넓적다리	lår	로-르

장딴지	vad	바 - 드
발	fot	후 - 트
발가락	tå	토 -
발뒤꿈치	häl	핼 -
발목/복사뼈	vrist	브리스트
몸/신체	kropp	크롭
어깨	axel	악쎌
목	hals	할스
뒷목	nacke	낙께
가슴/유방	bröst	브뢰스트
등	rygg	뤼그
엉덩이	stjärt	섀ㄹ트
뼈	ben	벤 -
피부	hud	휘 - 드
위	mage	마 - 게
신경	nerv	내르브

간	lever	레베르
신장	njure	뉘 – 레
폐	lunga	룽아
심장	hjärta	얘ㄹ따

6. 색깔

검은색	svart	스바르트
흰색	vit	비-트
파란색	blå	블로-
초록색	grön	그뢴-
갈색	brun	브뤼-
회색	grå	그로-
노란색	gul	귈-
오랜지색	orange	오랑슈
분홍색	skär/ljusblå	새-르/유스블로
자주색	purpur	푸르푸르
보라색	lila	릴라
빨간색	röd	뢰-드
베이지	beige	배-쉬

7. 과일및 야채

배	päron	패-론
사과	äpple	애플레
감귤	mandarin	만다린-
오렌지	apelsin	아렐신-
바나나	banan	바난-
파인애플	ananas	아나나스
복숭아	persika	패ㄹ시까
감	persimon	패ㄹ시몬
포도	vindruva	빈드류바
딸기	jordgubbe	유ㄹ드구베
수박	vattenmelon	바땐멜룬
자두	plommon	풀루몬
멜론/참외	melon	멜룬-
레몬	citron	시트룬-
호도	valnöt	발-뇌-트
밤	kastanj	카스타늬
양배추	vitkål	비트콜-
중국배추	kinakål	시나콜-
무	avlång rädisa	아브롱 래디사

파	purjolök	푸류뢰-크
양파	gul lök	귈-뢰-크
시금치	spenat	스페나-트
마늘	vitlök	비-트뢰-크
당근	morot	무-루-트
호박	pumpa	품빠
고추	rödpeppar	뢰드페빠르
감자	potatis	포타 - 티스
오이	gurka	구르까
피망	paprika	파프리까
토마토	tomat	토마 - 트
버섯	svamp	스밤프

8. 식당에서 쓰이는 단어들

포크	gaffel	가펠
나이프	kniv	크니브
수저	sked	쉐드
스푼	tesked	테쉐드
컵	kopp	콥
유리잔	glas	글라-스
접시	tallrik	탈리크
재털이	askopp/askfat	아스콥/아스크화트
이쑤시개	tandpetare	탄드페따레
냅킨	servett	쌔르베트
차림표	meny	메뉴-
계산서	nota	누-따
팁	dricks	드릭스
버터	smör	스머르
빵	bröd	브뢰드
샌드위치	smörgås	스머르고스
잼	marmelad	마르멜라드
소금	salt	쌀트
겨자	senap	쎄-납

후추	peppar	페빠르
소스	sås	쏘 – 스
설탕	socker	쏙께르
식용기름	matolja	마 – 트올라
식초	ättika	애티까
물	vatten	바뗀
포도주	vin	빈–
맥주	öl	욀–
독주	brännvin	브랜빈
커피	kaffe	카페
차	te	테
우유	mjölk	멸크
과일쥬스	fruktjuice	후룩트유스
양고기	lamnkött	람셧
소고기	oxkött	옥쓰셧
송아지 고기	kalvkött	칼브셧

닭고기	kyckling	쉬클링
생선	fisk	피스크
뷔페요리(스칸디나비아)		
	smörgåsbord	스머르고스부ㄹ드
전채요리	förrätt	훠르래트
수프	soppa	쏩빠
샐러드	sallad	쌀라드

문 예 림 도 서 목 록

143-837 서울시 광진구 군자동 1-13 문예하우스 101호

각	교재명	구성	정가
	영 어		
1	꽹먹고 알먹는 영어 첫걸음	근간	
2	지구촌 영어 첫걸음	B	9,000
3	50개 패턴만으로 따라잡는 영작문	B	15,000
4	영작문 패턴으로 따라잡기	B	23,000
5	미국 영어가 보인다	B+T	11,000
6	비타민 토익	B	20,000
7	15일 영문법	B	11,000
8	사진을 읽으면 영어가 보인다	B	9,500
9	세계적 기념비적 영어 명문 30선	B+T	17,000
10	영문 편지 쓰는법	B	8,000
11	진짜 영어가 보인다	B+CD	19,000
12	New American English	B+CD롬	15,000
13	비즈니스 커뮤니케이션	B	17,000
14	Thinking In English	B	15,000
15	말장난으로 하는 영단어 DDR	B	9,000
16	입에 술술 붙는 영어	B	9,500
17	영어 교사를 위한 영어학	B	8,000
18	쉬운 영어, 쉬운 일본어 '찾춘' '찾앗' '도약'		각 9,500
19	1000만인 관광 영어 회화	B	7,000
20	여행자를 위한 영어 회화	B	6,500
21	여행자를 위한 지구촌 영어 회화	B	8,000
22	언어감각을 길러주는 영어책	B	10,000
23	최신 영어 회화 사전	B+CD롬	15,000
24	가짜 영어 바로 잡기 사전	B	18,000
25	오역을 하지 않는 번역 영어 사전	B	17,000
26	듣고, 보고, 정답 잡아보자!(수능영어)	B	12,000
27	고등학교 영어 이것만은 꼭잡자!	B	12,000
28			
	일 본 어		
1	꽹먹고 알먹는 일본어 첫걸음	B+T	9,800
2	첫눈에 반한 일본어 회화 첫걸음	B+T	10,800
3	지구촌 일본어 첫걸음	B	7,000
4	신 알기쉽게 설명한 일본어 기본 문법	B+CD롬	13,000
5	초·중급학습자를 위한 일본어 기본문법	B	20,000
6	중·고급학습자를 위한 일본어 문법총정리	B	23,000
7	YES or NO (일·한대역)	B	8,500
8	쉽게 배우는 일본어 일기	B	8,500
9	일본어 문자어휘 핵심정리 2급	B+CD	18,500
10	일본어 한자 읽기 총정리 1급	B+CD	13,500
11	일본어 한자 읽기 총정리 2급	B+CD	13,500
12	일본어 한자 읽기 총정리 3·4급	B+CD	11,000
13	2001년~2004년 일본어 기출문제 1급	B+CD롬	27,000
14	2001년~2004년 일본어 기출문제 2급	B+CD롬	25,000
15	2001년~2004년 일본어 기출문제 3급	B+CD롬	23,000
16	2001년~2004년 일본어 기출문제 4급	B+CD롬	21,000
17	2005년 일본어 기출문제 풀이 2급	B+CD롬	18,000
18	2005년 일본어 기출문제 풀이 3·4급	B+CD롬	23,000
19	2005년 일본어 기출문제집 1급	B+CD롬	11,000
20	2005년 일본어 기출문제집 2급	B+CD롬	9,000

각	교재명	구성	정가
	일 본 어		
21	2005년 일본어 기출문제집 3·4급	B+CD롬	11,000
22	5년간 일본어 능력시험 기출문제집 1급	B+CD롬	40,000
23	5년간 일본어 능력시험 기출문제집 2급	B+CD롬	35,000
24	5년간 일본어 능력시험 기출문제집 3급	B+CD롬	35,000
25	2007년 일본어 기출문제집 1급	B+CD롬	13,000
26	2007년 일본어 기출문제집 2급	B+CD롬	13,000
27	2007년 일본어 기출문제집 3·4급	B+CD롬	15,000
28	노래로 배우는 일본어 1	B+CD롬	13,000
29	노래로 배우는 일본어 2	B+CD롬	13,800
30	노래를 알면 일본어가 보인다 1	B+CD롬	11,000
31	노래를 알면 일본어가 보인다 2	B+CD롬	13,000
32	일본어 단어장	B	7,000
33	여행 일본어 회화 (김영진)	B	6,000
34	김영진과 떠나는 여행 일본어 회화	B+T	7,500
35	1000만인 관광 일본어 회화	B	6,000
36	여행자를 위한 일본어 회화	B	6,000
37	최신 일본어 회화 사전	B+CD롬	20,000
38	한·일·영 주제어 단어장	근간	
39	일본어 왕래	근간	
40			
41			
42			
	중 국 어		
1	꽹고 알먹는 중국어 첫걸음	B+CD	11,000
2	한방에 끝내는 중국어 한자 첫걸음	B+CD	12,000
3	두방에 끝내는 중국어 한자 첫걸음	B+T	13,000
4	그림으로 배우는 중국어	B+CD	13,800
5	노래로 배우는 중국어	B+CD	14,800
6	최신 중국어법 노트	B	12,000
7	중국어 편지 쓰기	B	8,500
8	동화로 배우는 중국어 1,2,3	B+CD+VCD	각25,000
9	통통 한문	B	12,000
10	중국 여행 단어장 (중국여행 120)	B	7,000
11	초급 중국어 회화	B+CD롬	16,000
12	실용 중국어 회화	B	6,000
13	1000만인의 관광 중국어 회화	B	6,000
14	여행자를 위한 중국어 회화	B	6,500
15	여행필수 중국어 회화	B	7,000
16	영어대조 중국어 회화	B	6,000
17	동요로 배우는 중국어	B+CD롬	15,000
18	최신 중국어 회화 사전	B+CD롬	20,000
19	한중·중한 합본 포켓 사전	B	15,000
20			
	프 랑 스		
1	꽹먹고 알먹는 프랑스어 첫걸음	B+CD롬	11,000
2	입에서 톡 프랑스어(EBS)	B+CD롬	13,000
3	성경으로 배우는 프랑스어	B	18,000
4	상송으로 배우는 프랑스어	B+T	12,000
5	리듬 테마로 배우는 프랑스어	B+T	11,000

각	교재명	구성	정가
	프 랑 스		
6	노래로 배우는 프랑스	B+T	9,500
7	프랑스어 편지 쓰기	B	8,000
8	영어대조 프랑스어 회화	B	8,000
9	영어대조 프랑스어 회화	B+CD롬	15,000
10	1000만인 관광 프랑스어 회화	B	7,000
11	여행필수 프랑스어 회화	B	7,000
12	프랑스어 기초 어휘	B+CD롬	17,000
13	프랑스 회화 사전	근간	
14			
	스 페 인 어		
1	꽹먹고 알먹는 스페인어 첫걸음	B+CD	13,000
2	입에서 톡 스페인어(EBS)	B+CD롬	13,000
3	쉽게 배우는 스페인어	B	20,000
4	노래로 배우는 스페인어	B	11,000
5	스페인어 능력시험(DEEL)초급B1	B	20,000
6	스페인어 듣기 평가	B+CD롬	17,000
7	교양 스페인어	B	15,000
8	한국어 스페인어 단어장	B	8,000
9	스페인어 한국어 단어장	B	8,000
10	영어대조 스페인어 회화	B	7,000
11	영어대조 스페인어 회화	B+CD	15,000
12	여행자를 위한 스페인어	B	6,500
13	여행필수 스페인어 회화	B	7,000
14	최신 스페인어	B	20,000
15	성경으로 배우는 스페인어	B+CD롬	20,000
16	스페인어 편지쓰기	근간	
17	스페인어 기초 어휘	근간	
18	스페인어 회화 사전	근간	
19	한·서·영 주제어 단어장	근간	
20			
	독 일 어		
1	꽹먹고 알먹은 독일어 첫걸음	B+CD롬	13,000
2	입에서 톡 독일어(EBS)해설강의	B+CD롬	18,000
3	지구촌 독일어 첫걸음	B	9,000
4	독일어 문법과 연습	B	17,000
5	성경으로 배우는 독일어	B+CD롬	16,000
6	최신 독일어	B	16,000
7	최신 독일어(CD)	B+CD롬	20,000
8	대학생을 위한 활용 독일어 1	B+CD롬	18,000
9	대학생을 위한 활용 독일어 2	B+CD롬	19,000
10	PNds 독해평가	B	6,500
11	PNds 구두시험	B	6,500
12	PNds 독문법	B	6,500
13	독일어 무역 통신문	B	10,000
14	최신 독문 편지 쓰기와 구문론	B	8,000
15	노래로 배우는 독일어	B+CD롬	13,000
16	독일어 편지 쓰기	B	8,000
17	최신 독일어 회화	B+CD	15,000
18	독일어 회화 사전	B+CD롬	29,800

각	교재명	구성	정가
	독 일 어		
19	영어대조 독일어 회화	B	8,000
20	영어대조 독일어 회화	B+CD롬	15,000
21	여행필수 독일어 회화	B	6,000
22			
23			
24			
	이 탈 리 어		
1	꽹고 알먹는 이탈리아 첫걸음	B+CD롬	18,000
2	입에서 톡 이탈리아(EBS)	B+CD롬	14,000
3	지구촌 이태리아 첫걸음	B	10,000
4	지구촌 이태리아 첫걸음	B+T	17,000
5	쉽게 배우는 이탈리아 1	B	15,000
6	쉽게 배우는 이탈리아 2	B	15,000
7	교양 이탈리어	B+CD롬	15,000
8	동사를 알면 이탈리아어가 보인다	B	28,000
9	이탈리아어 언어 문화 기행	B+CD롬	19,000
10	마무리하고 이태리에 간다	B	25,000
11	이태리아 뭐라고 말하니?(총판)	B	16,000
12	영어대조 이탈리아어 회화	B	8,000
13	영어대조 이탈리아어 회화	B+T	15,000
14	여행필수 이탈리아 회화	B	6,500
15	노래로 배우는 이탈리아어	B+T	15,000
16	이탈리아어 기초 어휘	근간	
	러 시 아 어		
1	꽹고 알먹는 러시아 첫걸음	B+CD	13,000
2	입에서 톡 러시아(EBS)해설강의	B+CD롬	18,000
3	표준 러시아어	B	12,000
4	한국인을 위한 표준 러시아어 회화	B	8,000
5	최신 러시아어 문법	B	25,000
6	프레쉬 러시아어	B	9,000
7	노보이 러시아어	B	25,000
8	한국인을 위한 러시아 첫걸음	B	8,500
9	한국인을 위한 러시아 첫걸음	B+T	20,000
10	러시아어 펜맨십 강좌	B	8,000
11	영화로 배우는 러시아어-형제(스크립)	B+V	22,000
12	노래로 배우는 러시아어	B+CD	14,500
13	러시아어 편지 쓰기	B	11,000
14	한국어 러시아 단어장	B	8,000
15	러시아 회화 사전	B+CD롬	25,000
16	영어대조 러시아어 회화	B	8,000
17	영어대조 러시아어 회화	B+CD롬	15,000
18	여행필수 러시아어 회화	B	7,000
19			
20			
21			
22			
	캄 보 디 아 어		
1	여행필수 캄보디아어 회화	B	7,000
2	캄보디아어 회화 사전		

각	교재명	구성	정가
	캄 보 디 아 어		
3	활용(깡한 한캄)회화	B+CD	15,000
4	알기쉽게 설명한 캄보디아어 첫걸음	B+CD	16,000
5	한국어 캄보디아 단어장	근간	
6	캄보디아어 한국어 단어장	근간	
7			
	베 트 남 어		
1	쾅먹고 알먹는 베트남어 첫걸음	B+CD롬	16,000
2	입에서 톡 베트남어(EBS)해설강의	B+CD롬	18,000
3	알기쉽게 설명한 베트남어 첫걸음	B+CD롬	20,000
4	베트남어 회화 1	B+CD	16,500
5	베트남어 회화 2	B+CD	16,000
6	한국어 베트남 단어장	B	8,000
7	베트남 한국어 단어장	B	8,000
8	현대 베트남어 회화	B+CD롬	17,000
9	활용(한베 베한)회화	B+CD	15,000
10	여행필수 베트남어 회화	B	6,500
11	여행필수 베트남어 회화 Set	B+T	18,000
12	비즈니스 베트남어	B+CD롬	15,000
13	베트남,영어 한국요리	B	13,000
14	베트남어 회화 사전	근간	
15			
16			
	인 도 네 시 아 어		
1	쾅먹고 알먹는 인도네시아 첫걸음	B+CD롬	13,000
2	입에서 톡 인도네시아(EBS)	B+CD롬	15,000
3	알기쉽게 설명한 인도네시아어 첫걸음	B	9,500
4	여행필수 말레이·인도네시아어 회화	B	6,000
5	여행필수 말레이·인도네시아어 회화	B+T	12,000
6			
	브 라 질 및 포 르 투 갈 어		
1	쾅먹고 알먹는 브라질 포르투갈어 첫걸음	B+CD롬	15,000
2	입에서 톡 브라질어(EBS)	B+CD롬	15,000
3	쉽게 배우는 브라질·포르투갈어	B	17,000
4	여행필수 브라질·포르투갈어 회화	B	6,000
5	여행필수 포르투갈어	B	6,000
6			
	이 란 어		
1	초보자를 위한 이란어 읽기	B	13,000
2	알기 쉬운 이란어(페르시아어)쓰기	B	7,000
3	시사 이란어	B	8,000
4	영화로 배우는 이란어-두 여자	B	9,500
5	여행필수 이란어 회화	B	7,000
6			
	아 랍 어		
1	여행필수 아랍어 회화	B	7,000
2	입에서 톡 아랍어(EBS)	B+CD롬	13,000
3	아랍어 표현 연습	B	8,500
4	쾅먹고 알먹는 아랍어 첫걸음	B	15,000
5	한국어 아랍어 단어장	근간	8,500
6	아랍어 한국어 단어장	근간	
7			

각	교재명	구성	정가
	독 일 어		
19	영어대조 독일어 회화	B	8,000
20	영어대조 독일어 회화	B+CD롬	15,000
21	여행필수 독일어 회화	B	6,000
22			
23			
24			
	이 탈 리 어		
1	쾅먹고 알먹는 이탈리아 첫걸음	B+CD롬	18,000
2	입에서 톡 이탈리아(EBS)	B+CD롬	14,000
3	지구촌 이태리어 첫걸음	B	10,000
4	지구촌 이태리어 첫걸음	B+T	17,000
5	쉽게 배우는 이탈리아 1	B	15,000
6	쉽게 배우는 이탈리아 2	B	15,000
7	교양 이탈리아어	B+CD롬	15,000
8	동사를 알면 이탈리아어가 보인다	B	28,000
9	이탈리아어 언어 문화 기행	B+CD롬	19,000
10	마무리하고 이탈리에 간다	B	25,000
11	이태리어 뭐라고 말하니?(총판)	B	16,000
12	영어대조 이탈리아어 회화	B	8,000
13	영어대조 이탈리아어 회화	B+T	15,000
14	여행필수 이탈리아어 회화	B	6,500
15	노래로 배우는 이탈리아어	B+T	15,000
16	이탈리아어 기초 어휘	근간	
	러 시 아 어		
1	쾅먹고 알먹는 러시아 첫걸음	B+CD	13,000
2	입에서 톡 러시아(EBS)해설강의	B+CD롬	18,000
3	표준 러시아어	B	12,000
4	한국인을 위한 표준 러시아어 회화	B	8,000
5	최신 러시아어 문법	B	25,000
6	프레어 러시아어	B	9,000
7	노브이 러시아어	B	25,000
8	한국인을 위한 러시아어 첫걸음	B	8,500
9	한국인을 위한 러시아어 첫걸음	B+T	20,000
10	러시아어 펜맨십 강좌	B	
11	영화로 배우는 러시아어-형제(스크립)	B+V	22,000
12	노래로 배우는 러시아어	B+CD	14,500
13	러시아어 편지 쓰기	B	11,000
14	한국어 러시아 단어장	B	8,000
15	러시아 회화 사전	B+CD롬	25,000
16	영어대조 러시아어 회화	B	8,000
17	영어대조 러시아어 회화	B+CD롬	15,000
18	여행필수 러시아어 회화	B	7,000
19			
20			
21			
22			
	캄 보 디 아 어		
1	여행필수 캄보디아어 회화	B	7,000
2	캄보디아어 회화 사전		

각	교재명	구성	정가
	외국인을 위한 한국어 교재		
1	Speaking Korean(영어) 4·6	B	13,000
2	Speaking Korean(영어) 포켓판	B	7,000
3	영어로 배우는 한국어(영어) 양장판	B	12,000
4	한국어 4주간 (일본인을 위한)	B	12,000
5	일본인을 위한 한국어 회화(포켓)	B	8,000
6	한국어 왕래 (일본어를 위한)	B	15,000
7	기초로 배우는 한국어	B+CD롬	20,000
8	Hunting Korean(러시아인을 위한)	B	15,000
9	Hunting Korean(러시아인을 위한)	B+T	16,000
10	러시아인을 위한 한국어 회화	B	8,000
11	러시아인을 위한 한국어 회화	B+T	16,000
12	브라질·포르투갈인을 위한 한국어 회화	B	8,000
13	브라질·포르투갈인을 위한 한국어 회화	B+T	11,000
14	스페인을 위한 한국어 회화	B	12,000
15	프랑스인을 위한 한국어 회화	B	13,000
16	독일인을 위한 한국어 외화	B	12,000
17	중국인을 위한 한국어 회화(포켓)	B	7,000
18	베트남인을 위한 한국어 회화	B	7,000
19	태국인을 위한 한국어 회화	B	8,000
20	실용 한국어 회화	B	8,000
21	네달인을 위한 한국어 회화	근간	
22			
	사 전		
1	최신 한국어 러시아어 사전(특장판)	B	근간
2	한러 사전 (러시아어)	B	17,000
3	최신 한국어-러시아 사전	B	52,000
4	러한·한러 합본 사전 (러시아어)	B	30,000
5	러한 사전 (러시아어)	B	12,000
6	러시아-한국어 사전 (일념출판사 양판)	B	52,000
7	러시아-한국어 사전 (특장판·총판)	B	80,000
8	최신 러시아-한국어 사전	B	52,000
9	약어로 익히는 러시아 사전(러시아어)	B	20,000
10	학습 노한 사전 (러시아어)	B	30,000
11	노노 대 사전 (러시아어)	B	38,000
12	러한·한러 건설기술용어 사전	B	48,000
13	러한·한러 무역용어 사전	B	40,000
14	최신 한국어-이탈리아 사전	B	30,000
15	실용 한이사전	B	29,000
16	독일어 기본어 사전	B	13,000
17	스페인어 학습 사전	근간	
18	서한 사전 (스페인어)	B	27,000
19	서한 입문사전 (스페인어)	B	25,000
20	서한·한서 합본사전 (스페인어)	B	25,000
21	한국어 스페인 소사전	B	25,000
22	스페인어 한국어 소사전	B	15,000
23	스페인 테마사전	B	28,000
24	스페인어 언어학 문법사전	B	30,000
25	독일어 한국어 입문사전	B	15,000
26	한국어-인도네시아 사전	B	35,000
27	이집트-구어체 아랍어 사전	B	15,000

각	교재명	구성	정가
	사 전		
28	입집트-구어체 아랍어 회화사전	B	30,000
29	한·베 사전 (한국어·베트남)	B	30,000
30	최신한국어베트남사전 (류지은)	B	45,000
31	최신한국어베트남사전 (레휘과)	B	43,000
32	최신 한국어 베트남 소사전(레휘과)	B	35,000
33	한베·베한 입문 소사전	B	18,000
34	최신 베트남 한국어 소사전(이경현)	B	35,000
35	베한·한베 합본사전	B	55,000
36	베트남 한국어 입문사전(류지은)	B	35,000
37	한·캄·영 실용사전	B	15,000
38	한국어·우즈베키스탄어 사전	B	45,000
39	우즈베키스탄어 한국어 사전	B	40,000
40	프랑스-한국어 소사전	B	12,000
41	영·한·영 프런티컬 사전 (총판)	B	35,000
42	한자 요결 사전	B	10,000
43	한자 읽기 사전	B	근간
44	한일·일한 입문 소사전	B	13,000
45	우크라이나어·한국어 사전	B	30,000
46	프랑스-한국어 입문사전	B	근간
47	실용 아랍어 한국어 사전	B	근간
48	러영한 한러 소사전	B	35,000
	단 행 본		
1	생생 미국 일기	B	11,000
2	미국 교육 이야기	B	10,000
3	태국의 전통 생활풍습	B	12,000
4	재일 동포 문학 연구	B	8,000
5	고르초와 아케다다이시크	B	11,000
6	구운몽	B	12,000
7	금오신화	B	10,000
8	한국 중국 베트남어 설화 비교연구	B	10,000
9	한국 베트남 전기소설 비교연구	B	10,000
10	중국 당대 단편소설선	B	10,000
11	중국 고대 소설선	B	10,000
12	중국 고대 소설선	B	10,000
13	초보자를 위한 번역의 기초이론	B	7,000
14	캄보디아어 100년사	B	25,000
15	힘센·훈센	B	25,000
16	국제 결혼학 개론	B	23,000
17	결혼과 이혼학 개론	B	23,000
18	와인테스팅-아는만큼 맛있다	B	8,000
19	딜리셔스 와인-맛있는 미국 와인70	B	9,000
20	사고력을 크게 키우는 수학책	B	9,000
21	드라마 사전	근간	
22	러시아어 단편 소설선	근간	
23